बना रहे बनारस

बना रहे बनारस

विश्वनाथ मुखर्जी

वाणी प्रकाशन ग्रुप
भारतीय ज्ञानपीठ
वाणी प्रकाशन : भारतीय ज्ञानपीठ की पुस्तकों के एकमात्र प्रकाशक एवं वितरक

सजिल्द पाँचवाँ संस्करण : 2020
सजिल्द छठा संस्करण : 2024
सजिल्द सातवाँ संस्करण : 2025

लोकोदय ग्रन्थमाला : ग्रन्थांक 71

वाणी प्रकाशन ग्रुप

4695, 21-ए, दरियागंज, नयी दिल्ली-110 002
फ़ोन : 011-23273167, 23275710
ईमेल : sales@vaniprakashan.in

बना रहे बनारस
(रिपोर्ताज़)
विश्वनाथ मुखर्जी

ISBN : 978-93-5775-847-5

मूल्य : **395**

मुद्रक : *सिटी प्रेस, दिल्ली-110 095 में मुद्रित*

BANA RAHE BANARAS
(Reportage)
by **Vishwanath Mukherji**

बनारस

और

बनारस की मिट्टी से

जिन्हें प्यार है!

मैंने कहा

खुदा को हाज़िर-नाज़िर जानकर मैं इस बात को क़बूल करता हूँ कि बनारस को मैंने जितना जाना और समझा है, उसका सही-सही चित्रण पूरी ईमानदारी से किया है। प्रस्तुत पुस्तक जिस शैली में लिखी गयी है, आप स्वयं ही देखेंगे। जहाँ तक मेरा विश्वास है, किसी नगर के बारे में इस प्रकार की व्यंग्यात्मक शैली में वास्तविक परिचय देने का यह प्रथम प्रयास है। इस संग्रह के कुछ लेख जब प्रकाशित हुए तब उनकी चर्चा वह रंग लायी कि लेखक सिर्फ हल्दी-चूने के सेवन से वंचित रह गया। दूसरी ओर प्रशंसा के इतने पत्र प्राप्त हुए हैं कि अगर समझ ने साथ दिया होता तो उन्हें रद्दी में बेचकर कम-से-कम एक रियायती दर वाला सिनेमा शो तो देखा ही जा सकता था।

इन लेखों में कहीं-कहीं जन-श्रुतियों का सहारा मजबूरन लेना पड़ा है। प्रार्थना है कि इन 'श्रुतियों' और स्मृतियों को ऐतिहासिक सत्य न समझा जाए। हाँ, जहाँ सामाजिक और ऐतिहासिक प्रश्न आया है, वहाँ मैंने धर्मराज बनकर लिखने की कोशिश की है। पुस्तक में किसी विशेष व्यक्ति, संस्था या सम्प्रदाय को ठेस पहुँचाने का प्रयत्न नहीं किया गया है, बशर्ते आप उसमें जबरन यह बात न खोजें। अगर कहीं ऐसी बात हो गयी हो या छूट गयी हो तो कृपया पाँच पैसे से पन्द्रह नये पैसे के सम्पत्ति-दान की सनद मेरे पास भेज दें ताकि अगले संस्करण में अपने आभार का भार आप पर लाद कर हल्का हो सकूँ।

ग़ालिब के शेरों के लिए आदरणीय बेढबजी का, जयनारायण

घोषाल की कविताओं के लिए पं. शिवप्रसाद मिश्र 'रुद्र' जी का, संगीत सम्बन्धी जानकारी के लिए पारसनाथ सिंह का, पांडुलिपि संशोधन, धार्मिक-सांस्कृतिक जानकारी के लिए तथा प्रूफ़ संशोधन के लिए केशर और भाई प्रदीप का आभारी हूँ।

अन्त में इस बात का इक़बाल करता हूँ कि मैंने जो कुछ लिखा है, होश-हवास में लिखा है, किसी के दबाव से नहीं। ये चन्द अल्फ़ाज़ इसलिए लिख दिये कि यह सनद रहे और वक़्त-ज़रूरत पर आपके काम आये। बस फ़कत—

बक़लम ख़ुद
—*विश्वनाथ मुखर्जी*

सिद्धगिरि बाग़
बुद्ध पूर्णिमा, 2015 वि.
(सन् 1958)

अनुक्रम

1.	बना रहे बनारस	11
2.	बनारस : एक दिग्दर्शन	18
3.	बनारस की गलियाँ	27
4.	बनारस के मन्दिर	34
5.	बनारस के मकान	41
6.	बनारस की चौपाटी	47
7.	बनारस की सीढ़ियाँ	50
8.	बनारस की सुबह	53
9.	तीन लोक से न्यारी	58
10.	बनारसी	62
11.	बनारस के राजा	70
12.	बनारसी रईस	76
13.	बनारस के संन्यासी	81
14.	बनारसी गुरु	88
15.	बनारस के कलाकार	94
16.	बनारस के अहीर	104
17.	बनारस की संस्थाएँ	111

18. बनारस के यान-वाहन 115
19. बनारसी साँड़ 121
20. बनारसी पान 126
21. बनारसी पिकनिक 130
22. यह है बनारस 134
23. बनारस की ठगी 138
24. बनारसी संस्कृति 146

बना रहे बनारस

जिस प्रकार हिन्दू धर्म कितना प्राचीन है पता नहीं चलता ठीक उसी प्रकार काशी कितनी प्राचीन है, पता नहीं लग सका। यद्यपि बनारस की खुदाई से प्राप्त अनेक मोहरें, ईंट, पत्थर, हुक्का, चिलम और सुराही के टुकड़ों का पोस्टमार्टम हो चुका है फिर भी सही बात अभी तक प्रकाश में नहीं आयी है। जन-साधारण में अवश्य काशी की उत्पत्ति के सम्बन्ध में एक कथा प्रचलित है। कहा जाता है कि सृष्टि की उत्पत्ति के पूर्व काशी को शंकर भगवान अपने त्रिशूल पर लादे घूमते-फिरते थे। जब सृष्टि की उत्पत्ति हो गयी तब इसे त्रिशूल से उतारकर पृथ्वी के मध्य में रख दिया गया।

यह सृष्टि कितनी प्राचीन है, इस सम्बन्ध में उतना ही बड़ा मतभेद है जितना यूरोप और एशिया में या पूर्वी गोलार्द्ध और दक्षिणी गोलार्द्ध में है। सृष्टि की प्राचीनता के सम्बन्ध में एक बार प्रसिद्ध पर्यटक बर्नियर को कौतूहल हुआ था। अपनी इस शंका को उसने काशी के तत्कालीन पंडितों पर प्रगट की, नतीजा यह हुआ कि उन लोगों ने अलजबरा की भाँति इतना बड़ा सवाल लगाना शुरू किया जिसे देखकर बर्नियर की बुद्धि गोल हो गयी। फलस्वरूप उसका हल बिना जाने उसने यह स्वीकार कर लिया कि काशी बहुत प्राचीन है। इसका हिसाब सहज नहीं। अगर हज़रत कुछ दिन यहाँ और ठहर जाते तो सृष्टि की प्राचीनता के सम्बन्ध में सिर्फ़ उन्हें ही नहीं, बल्कि उनकी डायरी से सारे संसार को यह बात मालूम हो जाती।

चूँकि पृथ्वी के जन्म के पूर्व काशी की उत्पत्ति हो गयी थी इसलिए इसे 'अपुनर्भवभूमि' कहा गया है। एक अर्से तक शंकर के त्रिशूल पर चक्कर काटने के कारण 'रुद्रावास' कहा गया। प्राचीन काल में यहाँ के जंगलों में भी मंगल था, इसीलिए इसे 'आनन्दवन' और 'आनन्द-कानन' कहा गया। इन्हीं जंगलों में ऋषि-

मुनि मौज-पानी लेते थे, इसीलिए इसे 'तप:स्थली' कहा गया। तपस्वियों की अधिकता के कारण यहाँ की भूमि को 'अविमुक्त-क्षेत्र' की मान्यता मिली। इसका नतीजा यह हुआ कि काफी तादाद में लोग यहाँ आने लगे। उनके मरने पर उनके लिए एक बड़ा श्मशान बनाया गया। कहने का मतलब काशी का नाम 'महाश्मशान' भी हो गया।

प्राचीन इतिहास के अध्ययन से यह पता चलता है कि काश्य नामक राजा ने काशी नगरी बसायी; अर्थात् इसके पूर्व काशी नगरी का अस्तित्व नहीं था। जब काश्य के पूर्व यह नगर बसा नहीं था तब यह निश्चित है कि उन दिनों मनु की सन्तानें नहीं रहती थीं, बल्कि शंकर के गण ही रहते थे। हमें प्रस्तरयुग, ताम्रयुग और लौहयुग की बातों का पता है। हमारे पूर्वज उत्तरी ध्रुव से आये या मध्य एशिया से आये, इसका समाधान भी हो चुका है। पर काश्य के पूर्व काशी कहाँ थी, पता नहीं लग सका।

काशी की स्थापना

काश्य के पूर्वज राजा थे इसलिए उन्हें राजा कहा गया है अथवा काशी नगरी बसाने के कारण उन्हें राजा कहा गया है, यह बात विवादास्पद है। ऐसा लगता है कि इन्हें अपनी पैतृक सम्पत्ति में हिस्सा नहीं मिला, फलस्वरूप ये नाराज़ होकर जंगल में चले गये। वहाँ जंगल आदि साफ़ कर एक फ़र्स्ट क्लास का बँगला बनवाकर रहने लगे। धीरे-धीरे खेती-बारी भी शुरू की। लेकिन इतना करने पर भी स्थान उदास ही रहा। नतीजा यह हुआ कि कुछ और मकान बनवाये और उन्हें किराये पर दे दिया। इस प्रकार पहले-पहल मनु की सन्तानों की आबादी यहाँ बस गयी। आजकल जैसे मालवीय नगर, लाला लाजपतराय नगर आदि बस रहे हैं ठीक उसी प्रकार काशी की स्थापना हो गयी।

ऐसा अनुमान किया जाता है कि उन दिनों काशी की भूमि किसी राजा की अमलदारी में नहीं रही वरना काश्य को भूमि का पट्टा लिखवाना पड़ता, मालगुज़ारी देनी पड़ती और लगान भी वसूल करते। चूँकि इस नगरी को आबाद करने का श्रेय इन्हीं को प्राप्त हुआ था, इसलिए लोगों ने समझदारी से काम लेकर इसे काशी नगरी कहना शुरू किया। आगे चलकर इनके प्रपौत्र ने इसे अपनी राजधानी बनाया। कहने का मतलब परपोते तक आते-आते काशी नगरी राज्य बन गयी थी और उस फ़र्स्ट क्लास के बँगले को महल कहा जाने लगा था।

इन्हीं काश्य राजा के वंशधर थे—दिवोदास। सिर्फ दिवोदास ही नहीं, महाराज दिवोदास। कहा जाता है कि एक बार इन पर हैहय वंशवाले चढ़ आये थे। लड़ाई

के मैदान से रफूचक्कर होकर हज़रत काशी से भाग गये। भागते-भागते गंगा-गोमती के संगम पर जाकर ठहरे। अगर वहाँ गोमती ने इनका रास्ता न रोका होता तो और भी आगे बढ़ जाते। जब उन्होंने यह अनुभव किया कि अब पीछा करनेवाले नहीं आ रहे हैं तब वे कुछ देर के लिए वहीं आराम करने लगे। जगह निछद्दम थी। बनारसवाले हमेशा से निछद्दम जगह ज़रा अधिक पसन्द करते हैं। नतीजा यह हुआ कि उन्होंने वहीं डेरा डाल दिया। कहने का मतलब वहीं एक नयी काशी बसा डाली।

कुछ दिनों तक च्यवनप्राश का सेवन करते रहे, डंड पेलते रहे और भाँग छानते रहे। जब उनमें इतनी ताक़त आ गयी कि हैहय वंशवाले से मोर्चा ले सकें, तब सीधे पुरानी काशी पर चढ़ आये और बात की बात में उसे ले लिया। इस प्रकार फिर काशीराज बन बैठे। हैहयवालों के कारण काशी की भूमि अपवित्र हो गयी थी, उसे दस अश्वमेध यज्ञ से शुद्ध किया और शहर के चारों तरफ परकोटा बनवा दिया ताकि बाहरी शत्रु झटपट शहर पर क़ब्ज़ा न कर सकें। इसी सुरक्षा के कारण पूरे 500 वर्ष यानी 18-20 पीढ़ी तक राज्य करने के पश्चात् इनका वंश शिवलोकवासी हो गया।

काशी से वाराणसी

इस पीढ़ी के पश्चात् कुछ फुटकर राजा हुए। उन लोगों ने कुछ कमाल नहीं दिखाया, अर्थात् न मन्दिर बनवाये, न स्तूप खड़े किये और न खम्भे गाड़े। फलस्वरूप, उनकी ख़ास चर्चा नहीं हुई। कम-से-कम उन भले मानुषों को एक-एक साइनबोर्ड ज़रूर कहीं गाड़ देना चाहिए था। इससे इतिहासकारों को कुछ सुविधा होती।

ईसा पूर्व सातवीं शताब्दी में ब्रह्मदत्त वंशीय राजाओं का कुछ हालचाल बौद्ध-साहित्य में है, जिनके बारे में बुद्ध भगवान ने बहुत कुछ कहा है, लेकिन उनमें से किसी राजा का ओरिजनल नाम कहीं नहीं मिलता।

पता नहीं किसमें यह मौलिक सूझ उत्पन्न हुई कि उसने काशी नाम को सेकेंडहैंड समझकर इसका नाम वाराणसी कर दिया। कुछ लोगों का मत है कि वरुणा और असी नदी के बीच उन दिनों काशी नगर बसी हुई थी, इसलिए इन दोनों नदियों के नाम पर नगरी का नाम रख दिया गया, ताकि भविष्य में कोई राजा अपने नाम का सदुपयोग इस नगरी के नाम पर न करे। इसमें सन्देह नहीं कि वह आदमी बहुदूरदर्शी था वरना इतिहासकारों को, चिट्ठीरसों को और बाहरी यात्रियों को बड़ी परेशानी होती।

लेकिन यह कहना कि वरुणा और असी नदी के कारण इस नगरी का नाम वाराणसी रखा गया बिलकुल वाहियात है, ग़लत है और अप्रामाणिक है। जब पन्द्रहवीं शताब्दी में, यानी तुलसीदासजी के समय, भदैनी का इलाक़ा शहर का बाहरी क्षेत्र माना जाता था तब असी जैसे बाहरी क्षेत्र को वाराणसी में मान कैसे लिया गया? दूसरे विद्वानों का मत है कि असी नहीं, नासी नामक एक नदी थी जो कालान्तर में सूख गयी, इन दोनों नदियों के मध्य वाराणसी बसी हुई थी, इसलिए इसका नाम वाराणसी रखा गया। यह बात कुछ हद तक क़ाबिलेग़ौर है, लिहाज़ा हम इसे तसदीक कर लेते हैं।

भगवान बुद्ध के कारण काशी की ख्याति आधी दुनिया में फैल गयी थी। इसलिए पड़ोसी राज्य के राजा हमेशा इसे हड़पना चाहते थे। जिसे देखो वही लाठी लिये सर पर तैयार रहने लगा।

नाग, शुंग और कण्व वंशवाले हमेशा एक दूसरे के माथे पर सेंगरी बजाते रहे। इन लोगों की जघन्य कार्यवाही के प्रमाण-पत्र सारनाथ की खुदाई में प्राप्त हो चुके हैं।

ईसा की प्रथम शताब्दी में प्रथम विदेशी आक्रमक बनारस आया। यह था—कुषाण सम्राट् कनिष्क। लेकिन था बेचारा भला आदमी। उसने पड़ोसियों के बमचख में फ़ायदा ज़रूर उठाया पर बनारस के बहरी अलंग सारनाथ को ख़ूब सँवारा भी।

कनिष्क के पश्चात् भारशिवों और गुप्त सम्राटों का रोब एक अर्से तक बनारसवालों पर ग़ालिब होता रहा। इस बीच इतने उपद्रव बनारस को लेकर हुए कि इतिहास के अनेक पृष्ठ इनके काले कारनामों से भर गये हैं।

मौखरी वंशवाले भी मणिकर्णिका घाट पर नहाने आये तो यहाँ राजा बन बैठे। इसी प्रकार हर्षवर्द्धन के अन्तर में बौद्ध धर्म के प्रति प्रेम उमड़ा तो उन्होंने भी बनारस को धर दबाया।

आठवीं शताब्दी में इधर के इलाक़े में कोई तगड़ा राजा नहीं था, इसीलिए बंगाल से लपके हुए पाल नृपति चले आये। लेकिन कुछ ही दिनों बाद प्रतिहारों ने उन्हें खदेड़ दिया और स्वयं 150 वर्ष के लिए यहाँ जम गये।

कन्नौज से इत्र की दुकान लेकर गाहड़वाले भी एक बार आये थे। मध्यप्रदेश से दुधिया छानने के लिए कलचुरीवाले भी आये थे। कलचुरियों का एक साइनबोर्ड कर्दमेश्वर मन्दिर में है। यह मन्दिर यहाँ 'कनवा' ग्राम में है। यही बनारस का सबसे पुराना मन्दिर है। इसके अलावा जितने मन्दिर हैं सब तीन सौ वर्ष के भीतर बने हुए हैं।

वाराणसी से बनारस

अब तक विदेशी आक्रमक के रूप में वाराणसी में कनिष्क आया था। जिस समय कलचुरी वंश के राजा गांगेय कुम्भ नहाने प्रतिष्ठान गये हुए थे, ठीक उसी समय नियालतगीन चुपके से आया और यहाँ से कुछ रक़म चुराकर भाग गया। नियालतगीन के बाद जितने विदेशी आक्रमक आये उन सबकी अधिक कृपा मन्दिरों पर ही हुई। लगता है इन लोगों ने इसके पूर्व कहीं इतना ऊँचा मकान नहीं देखा था। देखते भी कैसे? सराय में ही अधिकतर ठहरते थे जो एक मंजिले से ऊँची नहीं होती थी। यहाँ के मन्दिर उनके लिए आश्चर्य की वस्तु रहे। उनका ख़्याल था कि इतने बड़े महल में शहर के सबसे बड़े रईस रहते हैं, इसीलिए उन्हें गिराकर लूटना अपना कर्तव्य समझा।

नियालतगीन के बाद सबसे ज़बर्दस्त लुटेरा मुहम्मदगौरी सन् 1194 ई. में बनारस आया। उसकी मरम्मत पृथ्वीराज पाँच-छः बार कर चुके थे, पर जयचन्द के कारण उसका शुभागमन बनारस में हुआ। नतीजा यह हुआ कि उस ख़ानदान का नामोनिशान हमेशा के लिए मिट गया।

सन् 1300 ई. में अलाउद्दीन ख़िलजी आया। उसके बाद उसका दामाद बार्बकशाह आया, जिसे 'काला पहाड़' भी कहा गया है। सन् 1494 ई. में सिकन्दर लोदी साहब आये और बहुत कुछ लाद ले गये। जहाँगीर, शाहजहाँ और औरंगज़ेब की कृपा इस शहर पर हो चुकी है। फर्रुख़सियर और ईस्ट इंडिया कम्पनी की याद अभी ताज़ा है। पता नहीं, इन लोगों ने बनारस को लूटने का ठेका क्यों ले रखा था? लगता है, उन्हें लूटने की यह प्रेरणा स्वनामधन्य लुटेरे महमूद ग़जनबी से प्राप्त हुई थी। सम्भव है, उन दिनों बनारस में काफी मालदार लोग रहा करते थे अथवा ये लोग बहुत उत्पाती और ख़तरनाक रहे हों। इसके अलावा यह सम्भव है कि बनारसवाले इतने कमज़ोर रहे कि जिसके मन में आया वही दो धौल जमाता गया। ख़ैर, कारण चाहे जो कुछ भी रहे हों बनारस को लूटा ख़ूब गया है, इसे धार्मिक और इतिहास के पंडित दोनों ही मानते हैं। बनारस को लूटने की यह परम्परा फर्रुख़सियर के शासनकाल तक बराबर चलती रही। इन आक्रमणों में कुछ लोग यहाँ बस गये। उन्हें वाराणसी नाम श्रुतिकटु लगा, फलस्वरूप वाराणसी नाम घिसते-घिसते बनारस बन गया। जिस प्रकार रामनगर को आज भी कुछ लोग नामनगर कहते हैं। मुग़लकाल में इसका नाम बनारस ही रहा।

बनारस बनाम मुहम्मदाबाद

औरंगज़ेब ज़रा ओरिजनल टाइप का शासक था। सबसे अधिक कृपा उसकी इस नगर पर हुई। उसे बनारस नाम बड़ा विचित्र लगा। कारण बनारस में न तो कोई रस बनता था और न यहाँ के लोग रसिक रह गये थे। औरंगज़ेब के शासनकाल में इसकी हालत अत्यन्त ख़राब हो गयी थी। फलस्वरूप उसने इसका नाम मुहम्मदाबाद रख दिया।

मुहम्मदाबाद से बनारस

मुग़लिया सल्तनत भी 1857 के पहले उखड़ गयी। नतीजा यह हुआ कि सात समुद्र, सत्तर नदी और सत्ताइस देश पार कर एक हक़ीम शाहजहाँ के शासन काल में आया था, उसके वंशधरों ने इस भूमि को लावारिस समझकर अपनी सम्पत्ति बना ली।

पहले कम्पनी आयी, फिर यहाँ की मालकिन रानी बनी। रानी के बारे में कुछ रामायण प्रेमियों को कहते सुना गया है कि वह पूर्व जन्म में त्रिजटा थी। सम्भव है उनका विश्वास ठीक हो। ऐसी हालत में यह मानना पड़ेगा कि ये लोग पूर्व जन्म में लंका में रहते थे अथवा बजरंगबली की सेना में लेफ़्ट-राइट करते रहे होंगे।

गौरांग प्रभुओं की 'कृपा से' हमने रेल, हवाई जहाज़, स्टीमर, मोटर, साइकिल देखा। डाक-तार, कचहरी और ज़मींदारी के झगड़े देखे। यहाँ से विदेशों में कच्चा माल भेजकर विदेशों से हज़ारों अपूर्व सुन्दरियाँ मँगवाकर अपनी नस्ल बदल डाली।

ये लोग जब बनारस आये तब इन्होंने देखा—यहाँ के लोग बड़े अजीब हैं। हर वक़्त गहरे में छानते हैं, गहरेबाजी करते हैं और बातचीत भी फर्राटे के साथ करते हैं। कहने का मतलब हर वक़्त रेस करते हैं। नतीजा यह हुआ कि उन्होंने इस शहर का नाम 'बेनारेस' रख दिया।

बनारस से पुनः वाराणसी

ब्राह्मणों को सावधान करनेवाले आर्यों की आदि भूमि का पता लगानेवाले डॉक्टर सम्पूर्णानन्द को यह टेढ़ा नाम पसन्द नहीं था। बहुत दिनों से इसमें परिवर्तन करना चाहते थे पर मौक़ा नहीं मिल रहा था। लगे हाथ बुद्ध की 2500वीं जयन्ती पर इसे वाराणसी कर दिया। यद्यपि इस नाम पर काफी बमचख मची, पर जिस प्रकार संयुक्त प्रान्त से उत्तर प्रदेश बन गया, उसी प्रकार अब बनारस से वाराणसी बनता जा रहा है।

भविष्य में क्या होगा?

भविष्य में वाराणसी रहेगा या नहीं, कौन जाने। प्राचीन काल की तरह पुनः वाराणसी नाम पर साफा-पानी होता रहे तो बनारस बन ही जाएगा इसमें सन्देह नहीं। जिन्हें वाराणसी बुरा लगता हो उन्हें यह श्लोक याद रखना चाहिए—

ख़ाक़ भी जिस ज़मीं का पारस है,
शहर मशहूर यही बनारस है।

पाँचवीं शताब्दी में बनारस की लम्बाई आठ मील और चौड़ाई तीन मील के लगभग थी। सातवीं शताब्दी आते-आते नौ-साढ़े नौ मील लम्बाई और तीन साढ़े-तीन मील चौड़ाई हो गयी।

ग्यारहवीं शताब्दी में, न जाने क्यों, इसका क्षेत्रफल पाँच मील में हो गया। इसके बाद 1881 ई. में पूरा ज़िला एक हज़ार वर्ग मील में हो गया।

अब तो वरुणा-असी की सीमा तोड़कर यह आगे बढ़ती जा रही है; पता नहीं रबड़ की भाँति इसका घेरा कहाँ तक फैल जाएगा। आज भी यह माना जाता है कि गंगा के उस पार मरनेवाले गदहा योनि में जन्म लेते हैं, जिसके चश्मदीद गवाह शरच्चन्द्र चटर्जी थे। लेकिन अब उधर की सीमा को यानी मुग़लसराय को भी शहर बनारस में कर लेने की योजना बन रही है। अब हम मरने पर किस योनि में जन्म लेंगे, इसका निर्णय शीघ्र होना चाहिए, वरना इसके लिए आन्दोलन-सत्याग्रह छिड़ सकता है।

बनारस में शहरी क्षेत्र उतना ही माना जाता है जहाँ कि नुक्कड़ पर उसके गण अर्थात् चुंगी अधिकारी बैठकर आने-जानेवालों की गठरी टटोला करते हैं। इस प्रकार अब बनारस शीघ्र ही मेयर के अधिकार में आ जाएगा।

बनारस : एक दिग्दर्शन

सिर्फ़ काशी नगरी ही तीन लोक से न्यारी नहीं है, बल्कि यहाँ के लोग, उनका रहन-सहन, उनके आचार-विचार, यहाँ तक कि यहाँ की सरकारी-ग़ैर सरकारी संस्थाएँ भी अपने ढंग की निराली हैं। उदाहरण के लिए बनारस नगरपालिका को ही ले लीजिए। इस नगरी का निरालापन कोई मुफ़्त में न देख जाए, इस गरज से वह प्रत्येक यात्री पीछे एक आना प्रवेश-कर लेती है। जहाँ तक प्रवेश-कर का सवाल है, हमें एतराज नहीं है। लेकिन पालिका 'निकासी-कर' भी लेती है। कहने का मतलब यह कि अगर कोई बाहरी आदमी बनारस आये और आकर वापस चला जाए तो उसे दो आने की चपत पड़ जाती है। शायद आपको यह जानकर आश्चर्य होगा कि घर के लोग अर्थात् ख़ास बनारस के बाशिन्दे भी इस कर से मुक्त नहीं हैं। चूँकि यह कर रेलवे के माध्यम से लिया जाता है, इसलिए हम-आप नहीं जान पाते। काशी जैसी नगरी के लिए क्या यह नियम निरालेपन का द्योतक नहीं है?

सफ़ाई पसन्द शहर

इस 'कर' की बाबत कहा जाता है कि यह इसलिए लिया जाता है कि तीर्थस्थान होने की वजह से यहाँ गन्दगी काफी होती है। लिहाज़ा सफ़ाई खर्च (बनाम जुर्माना) 'तीर्थयात्री' कर के रूप में लिया जाता है। बनारस कितना साफ़-सुथरा शहर है, इसका नमूना गली-सड़कें तो पेश करती ही हैं, अख़बारों के 'सम्पादक के नाम पत्र' वाले कालम भी 'प्रशंसा-शब्दों' से रंगे रहते हैं। माननीय पंडित नेहरू तथा स्वच्छ काशी आन्दोलन के जन्मदाता आचार्य विनोवा भावे इस बात के कन्फर्म्ड गवाह हैं।

ख़ुदा आबाद रखे देश के मन्त्रियों को जो गाहे-बगाहे कनछेदन, मूँड़न, शादी

और उद्घाटन के सिलसिले में बनारस चले आते हैं जिससे कुछ सफ़ाई हो जाती है; नालियों में पानी और चूने का छिड़काव हो जाता है।

निराली भूमि

अगर आप कभी काशी नहीं आये हैं तो आपको लिखकर सारी बातें समझाई नहीं जा सकतीं। अगर आये हैं और इसका निरालापन नहीं देखा है तो यह आपके लिए दुर्भाग्य की बात है। शायद आप यह सवाल करें कि आख़िर बनारस में इतना क्या निरालापन है जिसके लिए ढिंढोरा पीटा जा रहा है, तो अर्ज़ है—

विज्ञान ने यह सिद्ध कर दिया है कि पृथ्वी शून्य में स्थित है और वह सूर्य के चारों तरफ चक्कर काटती है। लेकिन इस तथ्य को भारतवासी नहीं मानते। उनका 'विज्ञान' यह कहता है कि पृथ्वी 'शेषनाग के फन' पर स्थित है और स्वयं सूर्य उसके चारों ओर चक्कर काटता है। हमने कभी पश्चिम, उत्तर या दक्षिण से सूरज उगते नहीं देखा। यह सब विज्ञान की बातें चंडूखाने की गप्प हैं। एक बेपेंदी का लोटा जब बिना सहारे के इधर-उधर लुढ़कता है तब पृथ्वी जैसी भारी गोलाकार वस्तु (बकौल पश्चिमी विज्ञान) बिना किसी लाग (सहारे) के कैसे स्थिर रह सकती है? बताइए, है कोई वैज्ञानिक-खगोलवेत्ता जो उत्तर देने का साहस करे!

बनारसवालों का दृढ़ विश्वास है—पृथ्वी शेषनाग के फन पर स्थित है पर उनका बनारस भगवान शंकर के त्रिशूल पर है। शेषनाग से उसका कोई मतलब नहीं। इसीलिए काशी को तीन लोक से न्यारी कहा गया है। यहाँ गंगा उत्तरवाहिनी है, यहाँ कभी भूकम्प नहीं आता। कभी-कभी शंकर भगवान जब आराम करने के लिए त्रिशूल पर पीठ टेक देते हैं तब यहाँ की ज़मीन कुछ हिल भर जाती है। अधिक दूर क्यों, काशी शंकर के त्रिशूल पर है या नहीं, इसका प्रत्यक्ष प्रमाण यहाँ की भूमि की बनावट है।

अब आप एक त्रिशूल की कल्पना करें जिसमें तीन फ़ल होते हैं। बीचवाला फ़ल सबसे ऊँचा और दोनों ओर ढलुआ होता है। बाकी दोनों फ़ल ऊपरी दिशा में मुड़े होते हैं। बीचवाला फ़ल वर्तमान चौक—ज्ञानवापी है। प्राचीन काल में काशी का महाश्मशान यहीं था। वर्तमान विश्वनाथ मन्दिर के निकट से गंगा बहती थी। शंकर का सबसे प्रिय स्थान श्मशान होने की वजह से उसे शीर्ष स्थान दिया गया है। आज भी आधी रात के बाद शंकर के 'गण' इस स्थान के प्रसिद्ध बाज़ार कचौड़ी गली में मिठाई ख़रीदने आते हैं।

चौक के दोनों ओर भयंकर ढाल है। यह ढाल कितना भयंकर है इसका

अन्दाजा रिक्शे की सवारी में अनुभव हो जाता है। दक्षिण का ढाल जंगमबाड़ी में और उत्तर का ढाल मैदागिन में जाकर समाप्त होता है। फिर दूसरी चढ़ाईवाला ढाल मछोदरी से राजघाट और उधर जंगमबाड़ी से भदैनी तक है। इसके बाद दोनों तरफ उतराई है। काशी के इस भूगोल को पढ़ने के पश्चात् अब आपको भी मानना पड़ेगा कि काशी शंकर के त्रिशूल पर अवश्य स्थित है। इसमें सन्देह करने की गुंजाइश नहीं।

काशी का निरालापन

यदि आप आज भी बनारस की ख़ूबियों से अपरिचित हैं तो आइए आज आपका परिचय उससे करा दूँ। मुमकिन है आपने इन दृश्यों को देखा हो पर इस ग़रज से न देखा हो कि यह सब भी बनारस की ख़ूबियों में है। सुबहे-बनारस की काफी दाद दी जाती है, इसलिए जब कभी आप बनारस तशरीफ़ ले आवें तो इसका ध्यान रहे कि सुबह हो; शाम या रात नहीं।

स्टेशन से बाहर आते ही आपको दर्जनों जलपान-गृह दिखाई देंगे। इन दुकानों में बनी सामग्री की सोंधी महक से आपका दिल-दिमाग़ तर हो जाएगा। यहाँ से आप शहर की ओर ठीक नाक की सीध में चलें। दाहिने-बायें देखने की ज़रूरत नहीं है।

स्टेशन से एक फर्लांग आगे काशी विद्यापीठ है। यह वह संस्था है जहाँ के छात्र या तो नेता बनते हैं अथवा शासक। काशी विद्यापीठ अथवा नेता जन्मदाता पीठ। इसी के पीछे काशी का प्रसिद्ध क़ब्रगाह फ़ातमान है जहाँ इतिहास के प्रसिद्ध और अप्रसिद्ध व्यक्ति चिर निद्रा में सोये हुए हैं। पास ही भारत में अपने ढंग का अकेला मन्दिर 'भारतमाता का मन्दिर' है। इसके निर्माता हैं—स्व. दानवीर बाबू शिवप्रसाद गुप्त। मन्दिर की बगल में भगवानदास स्वाध्यायपीठ है। पुस्तकालय के ठीक सामने चन्दुवा की प्रसिद्ध सट्टी है। कुछ दूर आगे शरणार्थी बस्ती, बर्मियों का एक बौद्ध मन्दिर तथा बनारस में खेल-कूद के लिए बनाया गया स्टेडियम है।

कुछ दूर आगे ईसाइयों का गिरजाघर है। प्राचीन काल में यहाँ डाकू रहते थे जो राह चलते व्यक्तियों को क़त्ल करके कुएँ में छोड़ देते थे। काशी का प्रसिद्ध 'मौत का कुआँ' यहीं था। यहीं से दो रास्ते पूर्व और पश्चिम दिशा की ओर गये हैं। पश्चिमवाला रास्ता वार-बनिता की नगरी की ओर तथा पूर्ववाला शहर की ओर गया है। पूर्ववाले रास्ते में बनारस का प्रसिद्ध 'आशिक़-माशूक़ की क़ब्रगाह' है। बनारसी प्रेमियों को यहीं से प्रेरणा और स्फूर्ति प्राप्त होती है। यह वह ऐतिहासिक

स्थान है, जिसके दर्शन के बिना प्रेम 'अनकन्फर्म्ड' रहता है। इस स्थान पर कैथ के अनेक वृक्ष हैं। किंवदन्ती है, प्रत्येक वृक्ष से दो कैथ प्रतिपदा के दिन नियमित नीचे गिरते हैं।

थोड़ी दूर पर औरंगजेब के शासन काल में निर्मित सराय, पान का दरीबा है। औरंगाबाद दर्शनीय मुहल्ला है। कहा जाता है—'काशी बसकर क्या किया, जब घर औरंगाबाद।'

मुहल्ला सिगरा के आगे भारत-विख्यात विद्वान महामहोपाध्याय पं. गोपीनाथ कविराज का मकान है। ठीक इसके पीछे का स्थान 'छोटी गैबी' कहलाता है, जहाँ गुरुलोग रात बारह बजे तक नहाते-निपटते हैं। पास ही रथयात्रा की प्रसिद्ध चौमुहानी है। यहाँ वर्ष में तीन दिन जन-समारोह होता है। काशी की लोक-कला के दर्शन सोरहिया तथा रथयात्रा के मेले में ही होते हैं। लक्सा की अधिकांश रामलीला यहीं होती है।

पास ही विश्वविख्यात थिसोसोफ़िकल सोसायटी है। यहाँ बनारस के बालक और बालिकाएँ शिक्षा प्राप्त करते हैं। सोसायटी के दक्षिण भाग में वैद्यनाथ और बटुकभैरव का मन्दिर है। इसी मन्दिर के समीप सेंट्रल हिन्दू-कॉलेज, बड़ी गैबी आदि प्रसिद्ध स्थान हैं।

कॉलेज से कुछ दूर आगे खोजवाँ बाज़ार है, जो नवाबों के खोजाओं के रहने के कारण मुहल्ला बन गया। आजकल अनाज की मंडी है। पास ही शहर को आलोकित तथा जलदान करनेवाला 'बिजली घर' और 'पानीकल' हैं।

थोड़ा ही आगे बढ़ने पर अन्तर्राष्ट्रीय ख्यातिप्राप्त अतिथिशाला दिखाई देगी। यहाँ संसार के ख्यातिप्राप्त राजनीतिज्ञ लोग आकर मेहमानबाज़ी करते हैं। बनारसवालों को अपनी इस कोठी पर नाज़ है जो संसार के महान पुरुषों को अपने यहाँ ठहराकर भारतीय संस्कृति का परिचय देती है। यह भवन है—महाराजकुमार विजयानगरम् यानि 'ईजा नगर' की कोठी।

यहाँ से कुछ दूर पर दुर्गाकुंड है, जहाँ राम की सेनाएँ ही नहीं बल्कि पास ही सेनापति महोदय का भी भवन है। दुर्गाकुंड का मन्दिर रानी भवानी और वानर-सेनापति संकटमोचन का मन्दिर गोस्वामी तुलसीदास जी द्वारा स्थापित हुए हैं। संकटमोचन के मन्दिर में नित्य सुन्दरकांड और हनुमान चालीसा के पाठ करनेवाले भक्तों की भीड़ लगी रहती है। ख़ासकर इम्तहान के समय विद्यार्थियों की भीड़ बढ़ जाती है। यूनिवर्सिटी के छात्रों का विश्वास है, 'संकटमोचन बाबा' बिना पढ़े-लिखे ही परीक्षा की वैतरणी पार करा जाते हैं। छात्र-छात्राएँ परस्पर प्रेम के स्थायित्व

की शपथ भी यहीं लेते हैं। यहाँ का दलवेसन बहुत गुणकारी, प्रभावशाली होता है।

यह है—लंका; रावणवाली नहीं—काशी की अपनी निजी। आगे भारत प्रसिद्ध शिक्षा-संस्था विश्वविद्यालय है। पास ही नगवा घाट है—जहाँ बाबू शिवप्रसाद गुप्त की कोठी है। यहीं एक बार स्वामी करपात्री जी ने यज्ञ करवाया था।

यह है, पुष्कर तीर्थ। इसके आगे अस्सी और कुरुक्षेत्र तालाब है। सूर्य ग्रहण के दिन तालाब में धर्मपरायण व्यक्ति स्नान के नाम पर कीच स्नान करते हैं। आगे भदैनी है और बगल में तुलसीघाट, जहाँ तुलसीदास की खड़ाऊँ और उनके द्वारा स्थापित हनुमान जी का मन्दिर दर्शनीय है। बनारस का यह मुहल्ला साहित्यिकों का भी एक गढ़ है। सोलहवीं शताब्दी में यह स्थान काशी का बाहरी अंचल माना जाता था।

यह है हरिश्चन्द्र घाट। कुछ लोग इसे काशी का प्राचीन श्मशान मानते हैं, पर यह बात ग़लत है। पहले यहाँ डोमों की बस्ती थी। डोम लोग महाश्मशान में अपने परिवार की लाश नहीं जला पाते थे। यह लोग अपने को राजा हरिश्चन्द्र के वंशज मानते थे इसीलिए यह प्रचारित होता रहा कि यही काशी का प्राचीन श्मशान है जहाँ राजा हरिश्चन्द्र श्मशान के रक्षक बने रहे।

हरिश्चन्द्र घाट के आगे काशी की सबसे खड़ी सीढ़ीवाला घाट केदारघाट है। यहाँ का घंटा सभी मन्दिर के घंटों से तेज़ आवाज़ में गूँजता है। यहाँ से कुछ दूर पर तिलभांडेश्वर महादेव का मन्दिर है। कहा जाता है कि ये महादेव जी साल में तिल बराबर वज़न में बढ़ते हैं। पता नहीं, इसके पूर्व इन्हें कभी तौला गया था या नहीं, वरना ये कितने प्राचीन हैं, इसका पता पुरातत्त्व वाले बता देते।

यह है मदनपुरा। सम्भवत: प्राचीनकाल में यहीं मदन का दहन हुआ था। बनारसी साड़ियों के विश्वविख्यात कलाकार इसी मुहल्ले में रहते हैं।

अब हम गोदौलिया आ गये। प्राचीन काल में यहाँ गोदावरी नदी बहती थी। गोदावरी तीर्थस्थान के ऊपर आजकल मारवाड़ी अस्पताल स्थापित है। यहीं से एक रास्ता दशाश्वमेध घाट की ओर गया है। आगे बड़ा बाज़ार है, बड़े-बड़े होटल और शर्बतों की दुकानें हैं। यहाँ काशी की ठंढई सादी और विजया सहित मिलती है। शाम के समय अधिकांश बुद्धिजीवियों का अड्डा यहाँ जमता है, जहाँ साहित्य-चर्चा से लेकर परचर्चा तक होती है। यहीं से उपन्यास लिखने के फ़ार्मूले, कहानी लिखने के प्लाट, कविता लिखने की प्रेरणा और आलोचना लिखने का मसाला मिलता है। न जाने कितने लोगों का यहाँ मूड बनता और बिगड़ता है। साहित्य में इन होटलों की देन महत्त्वपूर्ण है।

यह रहा गिरजाघर, जहाँ ईसाई धर्म का प्रचार खुलेआम होता है। सुननेवालों से अधिक भाषण देनेवाले दिखाई देते हैं। पास ही बनारस की सबसे बड़ी 'सोमरस की मंडी' यानि ताड़ीखाना है। कुछ दूर आगे 'नयी सड़क' मुहल्ला है। बनारस में अब तक जितने दंगे हुए हैं सभी का सूत्रपात इसी मुहल्ले से हुआ है। बग़ल में शेख़ सलीम का फाटक है जिसके बारे में इतिहासकार और पुरातत्त्वविदों में मतभेद है। एक का कहना है कि अकबर-पुत्र सलीम जब काशी आया था तब उसने इसे बनवाया था। दूसरे का कहना है कि शेख सलीम चिश्ती के नाम पर अकबर ने यहाँ फाटक लगवाया था। बात चाहे जो हो पर यह स्थान है ऐतिहासिक; इसे सभी मानते हैं। यहाँ भामाशाह का सुरमा मिलता है। पाँच पैसे में सारे जीवन का रहस्य बताया जाता है।

यहाँ अधिकतर क़ाबुल के सेठ रहते हैं जो बिना जमानत लिये, बिना रेहन रखे, सिर्फ़ शक़्ल देखकर एक आने सूद पर मुक्त हस्त क़र्ज़ देकर जनता जनार्दन की सेवा करते हैं। पास ही एक बड़ा मैदान है जिसे 'विक्टोरिया पार्क' अथवा 'बेनिया बाग़' कहते हैं। नाम तो इसका बाग़ है पर इसके एक भाग में अस्पताल, दूसरे में चेतसिंह की मूर्ति और बचा-खुचा भाग नेताओं के प्रवचन तथा नुमाइश के लिए रिज़र्व रखा गया है।

बेनिया बाग़ के आगे चेतगंज है। कहा जाता है कि यह मुहल्ला राजा चेतसिंह के नाम पर बसाया गया है। वारेन हेस्टिंग्स तथा चेतसिंह के सैनिकों में यहीं युद्ध हुआ था। इस मुहल्ले की नककटैया की ख्याति सम्पूर्ण भारत में है।

कुछ दूर आगे लाल कोठी में नगरपालिका और हथुआ कोठी में भूतपूर्व अन्नदाता वर्तमान सीमेन्ट-लोहादाता रहते हैं।

यह है लहुरावीर की चौमुहानी। किसी ज़माने में यहाँ भूत रहते थे, अब आदम की औलाद रहने लगी है। इन स्थानों का काशी में अपना निजी महत्त्व है। काशी में प्रत्येक वीर के नाम पर एक-एक मुहल्ला बस गया है। जैसे ड्योढ़ियावीर, भोजूवीर और लहुरावीर आदि।

इस चौमुहानी के उत्तरवाली सड़क कचहरी, पश्चिमवाली स्टेशन, दक्षिणवाली गिरजाघर और पूरबवाली राजघाट की ओर गयी है। राजघाट की ओर जानेवाली सड़क की ओर आगे बढ़ने पर घोड़ा अस्पताल (पशु चिकित्सालय), कबीर मठ और शिवप्रसाद गुप्त औषधालय भी दिखाई देंगे।

अस्पताल के सामने बनारस का सबसे बड़ा किराना बाज़ार है, जहाँ जाते ही छींक की बीमारी शुरू हो जाती है। अस्पताल के बग़ल में राधास्वामी का मन्दिर

है जहाँ वारेन हेस्टिंग्स आकर टिका था। पास ही 'आज' अख़बार का दफ़्तर, लोहे-लकड़ी की मंडी लोहटिया और नखास है।

नखास के पास बड़े गणेश जी का मन्दिर है। यहाँ गणेश चौथ के दिन मेला लगता है। इस मुहल्ले के पास ही हरिश्चन्द्र कॉलेज और दाराशुकोह के नाम पर बसा हुआ मुहल्ला दारानगर है।

यह है, मैदागिन। काशी के प्रमुख चौमुहानियों में अन्यतम। प्राचीन काल में इस स्थान को मन्दाकिनी तीर्थ कहा जाता था। अब उसकी जगह कम्पनी बाग़ और टाउनहाल बन गया है। इस टाउनहाल में पहले अँधेरी कचहरी थी। अब यहाँ कचहरी है, पर वह अपना प्रभाव छोड़ गयी है। फलस्वरूप टाउनहाल बकचों का मुरब्बा बन गया है। जिस प्रकार आजतक लँगड़ी भिन्न का रहस्य (छोटे, मँझले और बड़े कोष्ठ का रहस्य) नहीं समझ सका, ठीक उसी प्रकार टाउनहाल क्या है, समझ नहीं सका। मुमकिन है, आप भी न समझ सकें।

इस स्थान से कुछ आगे भारत प्रसिद्ध संस्था 'काशी नागरी प्रचारणी सभा' है। बाबा विश्वनाथ के कोतवाल का भवन और कोतवाली थाना का घनिष्ठ सम्बन्ध यहीं है। बनारस की सबसे बड़ी अनाज की मंडी विश्वेश्वरगंज भी यहीं है।

इस मुहल्ले के बारे में कुछ लोगों का मत है कि प्राचीन काल में काशी का प्रमुख बाज़ार था। यहीं पर विश्वनाथ जी का मन्दिर था जिसे मुसलमानों ने तोड़ दिया। सम्भवतः इसीलिए इस मुहल्ले का नाम विश्वेश्वरगंज है। प्राचीन ग्रन्थों के अध्ययन से मालूम होता है कि तुग़लक काल के पूर्व शिवलिंग का नाम देवदेव स्वामी और अविमुक्तेश्वर था। विश्वनाथ नाम 12वीं शताब्दी के बाद प्रचलित हुआ है। पास ही भीतरी महाल में गोपाल जी का मन्दिर और बिन्दुमाधव का धरोहरा है। यहीं एक मकान में छिपकर गोस्वामी तुलसीदास वाल्मीकि रामायण को मौलिक रूप दे रहे थे।

विश्वेश्वरगंज से एक सड़क अलईपुर मुहल्ले की ओर गयी है। यहाँ एक मुहल्ला आदमपुरा है, पता नहीं बाबा आदम से इसका कोई सम्बन्ध है या नहीं।

कुछ दूर आगे मछोदरी पार्क है जहाँ राजा बलदेवदास द्वारा निर्मित अस्पताल और घंटाघर है। राजा साहब दान देने में जितना सक्रिय रहे, उतना ही सक्रिय घंटा टँगवाने में रहे। बनारस में उन्होंने कई जगह घंटा टँगवाया है। घंटा टँगवाने का क्या महत्त्व है, इसका कोई उल्लेख यद्यपि काशी खंड में नहीं है पर सुना गया है कि आपने लन्दन में भी घंटाघर बनवाया है। ज्ञातव्य रहे कि बनारस में घड़ीघर

को, जहाँ घंटे की आवाज़ से समय की सूचना मिलती है, घंटाघर कहते हैं। मछोदरी बाग़ प्राचीनकाल में मत्स्योदरी तीर्थ कहलाता था।

आगे राजघाट है। यह स्थान शहर का अन्तिम भाग है। इस भूभाग का बनारस के इतिहास में महत्त्वपूर्ण स्थान है। प्राचीनकाल में यह अनेक राजाओं की आवास भूमि रही। वे सब गंगा की गोद में चले गये। अब यहाँ केवल खंडहर रह गये हैं जिसे सरकार खुदवाकर कुछ पुरातत्त्वविदों की कचूमर निकालना चाहती है। इससे कुछ लोगों का चंडूखाने की दून हाँकने का मौक़ा मिलेगा।

अब हमें पुनः शहर की ओर मुड़ना है और शहर का प्रमुख भाग देखना है। इसलिए अब पुनः हम मैदागिन के पास आते हैं और यहीं से दक्षिण की ओर बढ़ते हैं।

मैदागिन से कुछ दूर आगे बढ़ने पर कर्णघंटा नामक स्थान है। कहा जाता है, यहाँ का मन्दिर गांगेय के पुत्र यशकर्ण ने बनवाया था। इतिहासकारों की बहुत-सी अटकल पच्चूवाली बातें इसलिए स्वीकार करनी पड़ती हैं कि यह सब घटनाएँ जब हुईं तब हम बनारस में नहीं थे। यहाँ से कुछ दूर आगे बाबा विश्वनाथ के थर्ड डिप्टी सुपरिंटेंडेंट ऑफ पुलिस आसभैरव रहते हैं। काशी के प्रमुख उद्योग धन्धों की सामग्रियाँ इस इलाके में मिलती हैं। मसलन लकड़ी के विभिन्न सामान, पीतल के बर्तन, ज़री और सोने-चाँदी के ज़ेवरात इत्यादि। इसी क्षेत्र में एक जगह कन्नौज, जौनपुर-ग़ाज़ीपुर का इलाक़ा बस गया है। दूसरी ओर बनारस का प्रमुख-व्यवसाय बनारसी साड़ियों का रोज़गार होता है। पुस्तक व्यवसायी, समाचार-पत्र विक्रेता, मंगलामुखियों की हाट और फलवालों की दुकानें इसी क्षेत्र में हैं।

यह चौक का फौव्वारा है। पहले यहाँ फौव्वारा लगा था, अब वहाँ बनारस स्टेट बैंक है। बनारस का सबसे जानदार इलाक़ा यही है। यहाँ अजीब बातें, अजीब शक़्लें और अजीब दृश्य देखने को मिलते हैं।

कविराज कालीपदी दे का आश्चर्य मलहम जो 101 बीमारियों में फ़ायदा पहुँचाता है—आवाज़ लगाते हुए बग़ल में टीन का डब्बा लिये बंगाली बाबू टहलते हैं। आँखों पर चश्मा पहने और हाथ में सिर्फ़ एक चश्मा लिये—'एक चश्मा' की आवाज़ देते हुए बड़े मियाँ कुछ लोगों की आँखें पढ़ते नज़र आते हैं।

जल-जीरे का पानी, आम का पना बेचनेवालों की गाड़ी, गँडेरी मेरी अव्वल पैसा लेना डब्बल, दिया सलइया पैसे में, सुइया चार मुनाफ़े में आदि सामान बिकता है।।

कुछ दुकानदार यहाँ हर माल छः-छः पैसे में बेचते हैं क्योंकि कम्पनी का माल वे लुटा रहे हैं। अब आपको ग़रज हो तो खरीदिए। गंजी भी छः पैसे में, फाउंटेन पेन भी छः पैसे में मिलती है।

एक ओर से एक बन्द कनस्तर लिये 'गरेम है जी' की आवाज़ आती है। जब तक आप उनसे सामान न खरीदें तब तक आप यह नहीं समझ पाइएगा कि क्या गरम है—वातावरण, मौसम, वे स्वयं या बन्द कनस्तर का सामान। आज से तीन वर्ष पूर्व सड़क पर 'केसरिया तर हव राजा' की आवाज़ लगाता हुआ एक आदमी झूमता हुआ नज़र आता था। उसकी ग़ैरमौजूदगी आज के बच्चों को खलती है। नरम-गरम, नरम-गरम की आवाज़ लगाता हुआ एक आदमी बड़ी तेज़ी से लाल साइनबोर्ड पहने आपकी बग़ल से गुज़र जाएगा।

यह है परमानेंट हरे-राम हरे-राम की फ़ैक्टरी जहाँ लाउडस्पीकर से शाम के समय भक्ति प्रदर्शन होता है। सामने ही बीवी रोजा की मसजिद के बारे में कहा जाता है कि पहले यहाँ विश्वनाथ मन्दिर था जिसे कुतुबद्दीन ऐबक ने तोड़ा था। नीचे ज्ञानवापी की प्रसिद्ध मसजिद है जिसका औरंगजेब ने निर्माण कराया था।

यह है सत्यनारायण मन्दिर जहाँ श्रावण में भगवान झूला झूलते हैं। उनका शृंगार देखने क़ाबिल होता है। आगे बाँस फाटक है।

बनारस के मुहल्लों का नाम देखकर अनुमान किया जाता है कि प्राचीन काल में यह नगर अरब देशों की भाँति बन्द नगरी थी जिसके चारों तरफ फाटक थे। मसलन हाथी फाटक, बाँस फाटक, शेख सलीम का फाटक, रंगीलदास का फाटक और फाटक सुखलाल साहु आदि आठ फाटक थे।

अब हम गोदौलिया पर आ गये। इस प्रकार सारा शहर घर बैठे देख लिया। क्या ज़रूरत कि आप बनारस आएँ और दो आना प्रवेश कर दें। हाँ, यदि गंगा-स्नान, विश्वनाथ-दर्शन अथवा शहर देखने का काफी शौक़ है तो हमें एतराज़ नहीं। अगर और निरालापन देखना हो तो यहाँ के धनुषाकार घाट, धरोहर का एक खम्भा, यहाँ की गलियाँ और यहाँ के मेले देखें। बस, सारा बनारस आपकी नज़रों से गुज़र जाएगा।

बनारस की गलियाँ

जो लोग बम्बई, कलकत्ता और दिल्ली जैसे शहरों में एक बार हो आये हैं अथवा किसी कारणवश अब वहीं रहने लग गये हैं, ऐसे लोग जब कभी किसी छोटे शहर में आएँगे तो उस शहर के बारे में इस तरह बातचीत करेंगे मानो परमाणु बम का भेद बता रहे हों। चूँकि हम कभी दिल्ली, बम्बई गये नहीं इसलिए हम उनकी बातें मुँह बाकर इस तरह निग़ल जाते थे जैसे बरसात में छिपकलियाँ पतिंगों को। कभी-कभी हम यह महसूस करने लगते, नाहक हमारी पैदाइश बनारस जैसे शहर में हुई। काश! हम बम्बई, कलकत्ता जैसे शहरों में पैदा हुए होते। वहाँ की ऊँची-ऊँची इमारतों से नीचे की ओर झाँककर देखते कि आदमी अँगूठे से कितना बड़ा होता है, चौपाटी और मिलावर हिल से समुद्र की अजगर सरीखी लहरें गिनते।

इन शहरों की तारीफ़ में ख़ास चर्चा मकानों और सड़कों के बारे में होती है। वहाँ के मकान इतने ऊँचे हैं कि सड़क पर खड़े होकर ऊपर देखो तो टोपी गिर जाए। सड़कें इतनी ख़ुशनुमा हैं कि पैर फिसल जाते हैं। चौड़ाई तो इतनी कि यहाँ की तीन एक ही में घुस जाएँ। गलियाँ तो वहाँ हैं ही नहीं, और जो हैं भी, वे यहाँ की सड़कों की नानी से कम नहीं। धीरे-धीरे उनकी बातचीत का असर इस क़दर होता है कि हम यह फ़रमान जारी कर देते हैं—इस साल चाहे जैसे हो कलकत्ता, बम्बई जाकर ही रहेंगे। हमारे इस ऐलान को सुनकर हज़रत यों मुँह सिकोड़ लेते जैसे 100 ग्रेन कुनैन का मिक्स्चर पी लिया हो। मस्तक पर मुट्ठी भर बल डाले इस अन्दाज़ से कह उठते, "ख़ुदा झूठ न बोलाए। आज तीन साल हो गये वहाँ रहते, पर अभी तक हम यह नहीं जान सके कि कौन सड़क किधर जाती है। फलाँ जगह जाने के लिए किन-किन सड़कों से या किस बस पर सवार होकर जा सकते हैं, नहीं बता सकते। रात को कौन कहे, दिन को भी हम अक़्सर रास्ता भूल जाते हैं। फिर आप जैसे आदमी जाएँ तो खो जाने में कोई शुबहा नहीं।

दायें-बायें का ख़्याल न रखें तो हवालात में बन्द हो जाएँ या सीधे नरक का टिकट कटाएँ। अगर आप किसी ठग या सुन्दरी के चक्कर में आ गये तो बेड़ा गरक ही समझिए।''

चूँकि हम अपने माँ-बाप की इकलौती सन्तान और अपनी बेगम के इकलौते मियाँ हैं, इसलिए मुफ़्त में खो जाना या हवालात में बन्द होकर नरक का टिकट कटाना कतई पसन्द नहीं करते। जबकि हम पैदा होते ही अपने बाप को यह सर्टिफिकेट दे चुके हैं कि आपकी ग़ैरमौजूदगी में मैं और मेरी औलाद आपको पितृपक्ष के दिनों पानी ज़रूर देंगे। नतीजा यह होता है कि हम अपना फैसला चुपचाप वापस ले लेते हैं, फिर कभी उधर जाएँगे—यह ख़्वाब में भी नहीं लाते।

यह अजीब इत्तिफाक़ की बात है कि एक बार हमारे घर एक नजूमी आया और उसने बताया कि मैं बम्बई, कलकत्ता और दिल्ली जैसे शहरों में ज़रूर जा सकता हूँ। बात ठीक निकली। वह अरमान जो कि कुचल दिया गया था, पुष्पित हो उठा। हम गये और वापस भी चले आये। न कहीं खोये, न कहीं पैर फिसला। न कहीं टोपी गिरी, न हवालात में बन्द हुए। ठग और सुन्दरी से भेंट हुई, पर हम उनकी चकल्लस में नहीं आये। लेकिन जो मज़ा बनारस की गलियों में है, वह मज़ा दुनिया के किसी पर्दे में नहीं है। जो आज़ादी यहाँ के हर गली-कूँचे में है उसे ये सात जन्म में नहीं पा सकते। बनारसी गलियों का कुछ मज़ा सिर्फ़ मथुरा में मिल सकता है।

बनारस की सड़कें

बनारस में जितनी सड़कें हैं, उससे सौ गुनी अधिक गलियाँ हैं। यदि आप बनारस की सड़कों का मुआइना कर बनारस के बारे में फ़ैसला देंगे तो यह सेंट-परसेंट अन्याय होगा। असली मज़ा तो बनारस की गलियों में दुबका हुआ है। बनारसी भाषा में उन्हें 'पक्का महाल'—'भीतरी महाल' कहते हैं। काशी खंड के अनुसार विश्वनाथ खंड—केदारखंड की तरह वर्तमान बनारस भी दो भागों में बसा हुआ है—भीतरी महाल (पक्का महाल) और बहरी तरफ। आपने सिर्फ़ बाहरी रूप अर्थात् कच्चा रूप देखा है। पक्का रूप देखना हो तो गलियों में टहरान दीजिए।

यहाँ की सड़कें अभी जुमा-जुमा आठ रोज़ हुए बनी हैं यानी 'लली' है। बेचारी ठीक से सूख भी नहीं पायी हैं। यक़ीन न हो तो किसी दिन गर्मी के मौसम में पैदल चलकर देख लीजिए। सुकतल्ला सड़क पर चिपककर रहा जाएगा और हवाली जूता आपके पैरों में। यदि जूता काफी मज़बूत हुआ तो बनारस की धरती

इस क़दर प्यार से आपके कदमों को चूमेगी कि उससे अपना दामन छुड़ाने में आपको छठी का दूध याद आ जाएगा। अगर आपकी यह कसरत बनारसी-पट्ठों ने देखी तो—'बोल छमाना छे, खिचले रहे पट्ठे, जाए न पावे' फिकरा कस ही देंगे। कहने का मतलब यह कि बनारस की सड़कें हर पैदल चलनेवाले मुसाफ़िरों से बेहद मुहब्बत करती हैं। इनकी मुहब्बत हर मौसम में अलग ढंग से पेश आती है। बरसात में इनकी होली देश विख्यात है और वसन्त ऋतु में जब ये आप पर 'गुलाल' बरसाने लगती हैं तो मत पूछिए! आनन्द आ जाता है।

स्कूलों में आप ज्योमेट्री की शिक्षा पा चुके होंगे। मुमकिन है कि उसकी याद धुँधली हो गयी हो। यदि आप बनारस की सड़कों पर टहलान दें तो मजबूरन ज्योमेट्री के प्रति दिलचस्पी पैदा हो जाएगी। जब कोई बैलगाड़ी, ट्रक, जीप या टैक्सी इन सड़कों पर से गुज़रती है तब हर रंग की, हर ढंग की समानान्तर रेखाएँ त्रिभुज, चतुर्भुज और षट्कोण के ऐसी अजीब-गरीब नक़्शे बन जाती हैं कि जिसका अंश बिना परकार की सहायता के ही बताया जा सकता है। नगरपालिका को चाहिए कि वह अपने यहाँ के अध्यापकों को इस बात का आदेश दे दे कि वे अपने छात्रों को सड़क पर बने हुए इस ज्योमेट्री का परिचय अवश्य करा दे। सुना है काशी के कुछ मार्डन आर्टिस्ट इन नक्शों के सहयोग से प्रसिद्धि प्राप्त कर चुके हैं।

यहाँ की सड़कें डॉक्टरों की आमदनी भी बढ़ाती हैं। यही वजह है कि अन्य शहरों से कहीं अधिक बनारस में डॉक्टर हैं। यदि आप किसी रिक्शे पर सवार होकर एक बार शहर परिक्रमा कर लें तो इसका अनुभव हो जाएगा। बनारस के बाशिन्दे तो इसके आदी हो गये हैं। यहाँ के कुछ गुरुओं का, (जो लन्दन, पेरिस और अमेरिका हो आये हैं) कहना है कि उन्हें हवाई जहाज या समुद्री जहाज में चक्कर देनेवाली बीमारी इन सड़कों के हिचकोले खाने के कारण नहीं हुई। इसलिए आपको जब कभी विदेश जाने को ज़रूरत हो तो एक बार बनारस आकर रिक्शे की सवारी पर हिचकोले ज़रूर खाइए। यहाँ हर पाँच क़दम पर गड्ढे हैं। जब इन गड्ढों में रिक्शे का पहिया फँसेगा तब पेट का सारा भोजन कंठ तक आ जाएगा। दूसरे दिन बदन में इतना दर्द हो जाएगा कि आपको डॉक्टर का दरवाज़ा खटखटाना पड़ेगा।

अँग्रेजी शासनकाल में जब कोई गवर्नर या अधिकारी काशी-दर्शन के लिए आता था तब उसे ख़ास सड़कों से ले जाया जाता था। जब लगातार लोग यहाँ आने लगे तब कैंट से नदेसर तक और कैंट से पानीकल तक सीमेंट की सड़कें

बना दी गयीं। विश्वविद्यालय के छात्र ख़ुराफ़ाती होते ही हैं। एक बार उत्तर प्रदेश के भूतपूर्व गवर्नर माननीय कन्हैयालाल माणिकलाल मुंशीजी की मोटर लंका से अस्सी की ओर इन लोगों ने चलवा दी। नतीजा यह हुआ कि नगरपालिका ने उस सड़क की खाज को दूसरे साल मलहम पट्टी लगाकर कुछ हद तक ठीक कर दिया। भगवान करे हर प्रान्त के गवर्नर यहाँ आवें और इस प्रकार प्रत्येक सड़क का खाज-एक्ज़ीमा दूर होता रहे।

गलियों की विशेषता

काशी में सड़कों का कोई महत्त्व नहीं है, इसलिए बहुत कम लोग सड़कों पर चलते हैं। सड़कों का उपयोग जुलूस निकालते समय होता है। उस पर पैदल से अधिक लोग सवारी से चलते हैं। इधर कुछ ऐसे लोग (शायद मेंटल हास्पिटल से छूटकर) आ गये हैं जो सड़कों को महत्त्व देने लग गये हैं। ऐसे लोग लबे सड़क 'मकान बिकाऊ है,' 'दुकान ख़ाली है,' अथवा 'भाड़े पर लेना है' का विज्ञापन छपवाते हैं।

काशी की अधिकांश गलियाँ ऐसी हैं जहाँ सूर्य की रोशनी नहीं पहुँचती। कुछ गलियाँ ऐसी हैं जिनमें से दो आदमी एक साथ गुज़र नहीं सकते। इन गलियों की बनावट देखकर कई विदेशी इंजीनियरों की बुद्धि गोल हो गयी थी! जो लोग यह कहते हैं कि बम्बई-कलकत्ता की सड़कों पर खो जाने का डर रहता है, वे काशी की गलियों का चक्कर काटें तो दिन भर के बाद शायद ही डेरे तक पहुँच सकेंगे। आज भी ऐसे अनेक बनारसी मिलेंगे जो बनारस की सभी गलियों को छान चुके हैं, कहने में दाँत निपोर देंगे।

इन गलियों से गुज़रते समय जहाँ कहीं चूके तुरन्त ही दूसरी गली में जा पहुँचेंगे। कलकत्ता, बम्बई की तरह सड़क की मोड़ पर अमुक दुकान, अमुक निशान रहा—याद रहने पर मंज़िल तक पहुँच सकते हैं—पर बनारस में इस तरह के निशान-दुकान-साइनबोर्ड भीतरी महाल में नहीं मिलेंगे। नतीजा यह होगा कि काफी दूर आगे जाने पर रास्ता बन्द मिलेगा। उधर से गुज़रनेवाले आपकी ओर इस तरह देखेंगे कि यह 'चाँइया' इधर कहाँ जा रहा है। नतीजा यह होगा कि आपको पुनः गली के उस छोर तक आना पड़ेगा जहाँ से आप गड़बड़ाकर मुड़ गये थे। कुछ गलियाँ ऐसी हैं कि आगे बढ़ने पर मालूम होगा कि आगे रास्ता बन्द है, लेकिन गली के छोर के पास पहुँचने पर देखेंगे कि बगल से एक पतली गली सड़क से जा मिली है। अक्सर इन गलियों में जब खो जाने में आता है, खासकर

रात के समय, तब लगता है जैसे ऊँचे पहाड़ों की घाटियों में खो गये हैं। इन गलियों में लोग चलते-फिरते कम नज़र आते हैं। जो नज़र भी आते हैं, वे उस गली के बारे में पूर्ण विवरण नहीं बता सकते। हो सकता है, वे भी आपकी तरह चक्कर काट रहे हों। गलियों का तिलिस्म इतना भयंकर है कि बाहरी व्यक्ति को कौन कहे अन्य लोग भी जाने में हिचकते हैं। कुछ गलियाँ ऐसी हैं जिनसे बाहर निकलने के लिए किसी दरवाज़े या मेहराबदार फाटक के भीतर से गुज़रना पड़ता है।

बम्बई, कलकत्ता की तरह यहाँ की सड़कों में चार से अधिक रास्ते नहीं हैं, पर गलियों में चार से चौदह तक रास्ते हैं। किस गली से आप तुरन्त घर पहुँच सकते हैं यह बिना जाने या बिना पूछे नहीं जान सकते। जिस गली से आप घर पहुँच सकते है उसी से आप श्मशान या नदी किनारे भी जा सकते हैं।

गलियों का नगर

शैतान की आँत की भाँति यह भूल-भुलैया संसार का एक आश्चर्यजनक दर्शनीय स्थान है। इन गलियों में कितनी आज़ादी है। नंगे-घूमो, गमच्छा पहिने चलो, जहाँ जी में आए बैठो और जहाँ जी आए सो जाओ। कोई बिगड़ेगा नहीं, भगाएगा नहीं और न डाँटेगा। गावटी का गमच्छा या सिल्क का कुरता पहने बनारसी रईस भी इन गलियों में छाता लगाये चलते हैं। शायद आपको जानकर आश्चर्य होगा कि जिस गली में सूर्य की रोशनी नहीं पहुँचती, बरसात का मौसम नहीं है, फिर भी लोग वहाँ छाता लगाकर क्यों चलते हैं? कारण है—गन्दगी। मान लीजिए आप बाज़ार से लौट रहे हैं, अचानक ऊपर से कूड़े की बरसात हो गयी। यह बात अच्छी तरह जान लीजिए—बनारसी तीन मंज़िले या चार मंज़िले पर से बिना नीचे झाँके थूक सकता है, पानी फेंक सकता है और कूड़ा गिरा सकता है। दुकान झाड़ बटोरकर आपके चेहरे पर सारा गर्द फेंक सकता है। यह उसका जन्म-सिद्ध अधिकार है; नीचे इस सत्कार्य से घायल व्यक्ति जब गालियाँ देता है तब सुनकर भाई लोग प्रसन्न हो उठते हैं। उनका रोम-रोम गाली देनेवाले को साधुवाद देगा। अगर कहीं वे सज्जन चुपचाप चले गये तो इसका उन्हें अपार दुःख होगा और उस दुःख को मिटाने के लिए मुख से अनायास ही निकल जाएगा—'मुर्दार निकसल!'

किसी-किसी गली में बनारसी रईसों का पनाला इस अदा से चूता है कि फुहारे का मज़ा आ जाता है! गरमी के दिनों में रात को ऐसी गलियों से गुज़रना और ख़तरनाक होता है। सोते समय 'शंका समाधान' के लिए बनारसी अपने को

अधिक कष्ट नहीं देगा। परिणाम स्वरूप छत के पनाले से आप पर 'शुद्ध गंगाजल' बरस सकता है। ग़ुस्सा उतारने के लिए ऐसे घरों में आप घुसने की हिम्मत नहीं कर सकते। एक तो बाहर का भारी दरवाज़ा बन्द है, दूसरे भीतर जाने पर भी यह पता चलना मुश्किल है कि यह सत्कार्य किसने किया है। मुँह आपका है, गालियाँ बक लीजिए और राह लीजिए, बस! ख़ासकर नंगे पैर चलना तो और भी मुश्किल है। घर के बच्चे 'दीर्घशंका' गलियों में रात को कर देते हैं।

अगर इन गलियों में भगवान शंकर के किसी मस्ताने वाहन से भेंट हो गयी अर्थात् उसने नाराज़ होकर आपको हुरपेटा तो जान बचाकर भागना मुश्किल हो जाएगा। खासकर उन गलियों में जो आगे बन्द मिलती हैं। क्योंकि आप पीछे भाग नहीं सकते, आगे रास्ता बन्द है, बगल के सभी मकानों में भीतर से भारी साँकल लगी है और इधर सांड़ महाराज हुरपेटे आ रहे हैं! साल में दो-एक व्यक्ति इन सांड़ों के कारण काशी-लाभ करते हैं। लगे हाथ एक उदाहरण सुन लीजिए। अब्राहिम लिंकन के बाद जनरल ग्रांट अमेरिका के राष्ट्रपति हुए थे। एक बार जब वे हिन्दुस्तान में दौरे पर आये तब बनारस भी आये थे। उन्होंने इस शहर को 'एक सिटी ऑफ लेन्स' अर्थात् गलियों का शहर कहा है। कहा जाता है कि उनकी पत्नी को शंकर भगवान के वाहन ने अपने सींग पर उठा लिया था।

कहा जाता है कि राजा रामचन्द्र के सुपुत्रों (लव और कुश) से बुरी तरह शिकस्त खाकर पवनसुत हनुमान जी अपनी बिरादरी के साथ बनारस में आकर बस गये हैं। आज वे इन गलियों में क्रीड़ा-स्थल बनाकर परम प्रसन्न हैं। ऐसी घटनाएँ प्राय: सुनने में आती हैं कि गली से गुज़रते समय अचानक ऊपर छत से पत्थर का बड़ा रोड़ा सिर पर आ गिरा और बड़ी आसानी से स्वर्ग में सीट रिजर्व हो गयी। असल में यह पवनसुत के वंशजों का महज़ खिलवाड़ है। 'खिलवाड़' में अगर कोई सीधे स्वर्ग पहुँच जाता है तो वह अपराध कैसे हो सकता है? पवनसुत के वंशजों का तर्क क़ानून शास्त्रियों को घपले में डाल देता है। इस आसमानी ख़तरे से बचने के दो ही उपाय हैं—एक तो सिर पर फौजियों वाली लोहे की टोपी या फिर आपका अपना भाग्य! क्योंकि इस तरह की फौजदारी की घटना किसी थाने में दर्ज नहीं होती और न इसके मुक़दमे अदालत में स्वीकार किये जाते हैं।

इन गलियों के नामकरण और उनकी दूरी को यदि आप नज़रअन्दाज़ करें तो बनारस के पोस्टल विभाग की प्रशंसा करेंगे। हर बनारसी अपने को 'सरनाम' (प्रसिद्ध) समझता है। मुहल्ले का एक व्यक्ति समूचे मुहल्ले की जानकारी रखता है। उसका विश्वास है कि मुहल्ले के डाकिये से मुख्यमन्त्री तक उसके नाम से

परिचित हैं। काशी में 'दसपुतरिया गली' महज आठ-दस मकानों का एक मुहल्ला है, पर वहाँ के रहनेवालों को 'दसपुतरिया गली' के नाम पर पत्र मिल जाते हैं। इस प्रकार छोटी-छोटी गलियाँ यहाँ काफी प्रसिद्ध हैं। नगरपालिका भले ही नेताओं के नाम पर गलियों का नामकरण करे, पर बनारसवाले अपनी पुरानी परम्परा को नहीं बदल सकते।

इन गलियों में गर्मी के दिनों में शिमले का मज़ा, जाड़े में पुरी का मज़ा और बरसात में पहाड़ी स्थानों का मज़ा अनायास मिलता रहता है। यही वजह है कि बनारसी लोग पहाड़ी स्थानों में कभी नहीं जाते। रहा गन्दगी का प्रश्न, सो कहाँ नहीं है। जिस गली में इमली के बीज बिखरे हों, समझ लें इस गली में मद्रासी रहते हैं। जिस गली में मछली महकती हो, वह बंगालियों का मुहल्ला है। जिस गली में हड्डी लुढ़की हो, वह मुसलमान दोस्तों का मुहल्ला है। इस प्रकार हर गली में प्रत्येक वर्ग का 'साइनबोर्ड' लटकता रहता है। अध्ययन करनेवालों को इन साइनबोर्डों से बड़ी 'हेल्प' मिलती है। मदनपुरा, पांड़े हवेली, सोनारपुरा आदि मुहल्लों में साड़ियाँ बनती हैं और रानीकुआँ, कुंजगली आदि मुहल्लों में बिकती हैं। गोबिन्दपुरा, राजादरवाज़ा, रानीकुआँ, कोदई की चौकी में सोने-चाँदी का व्यवसाय होता है। कचौड़ी गली की कचौड़ी, ठठेरी बाजार के पीतल के बर्तन, विश्वनाथ गली की चूड़ियाँ, लकड़ी के खिलौने भारत में प्रसिद्ध हैं। मिश्रपोखरा स्थित ज़र्दे के कारखाने, लोहटिया और नखास में लोहे, लकड़ी का व्यवसाय होता है। अधिक दूर क्यों, काशी में मंगलामुखियों का व्यवसाय भी गलियों में ही होता है। दालमंडी—छत्तातले, मडुवाडीह में आशिक़ लोग नित्य शाम को जुटा करते हैं।

मतलब यह कि बनारस की प्रसिद्धि जिन वस्तुओं के कारण है, उन वस्तुओं का व्यवसाय गलियों ही होता है।

बनारस के मन्दिर

धार्मिक ग्रन्थों की गवाही पर यह कन्फर्म हो चुका है कि हिन्दुओं के पूरे तैंतीस करोड़ देवता हैं। लेकिन आज तक इन तैंतीस करोड़ देवताओं की सम्पूर्ण परिचय-तालिका किसी भी 'धार्मिक गजेटियर' में प्रकाशित नहीं हुई। भारत के किसी भी पंडित ने यह दावा नहीं किया कि मैं तैंतीस करोड़ देवताओं के नाम बता सकता हूँ। धर्म के नाम पर अपनी जेब हल्की करनेवाले महानुभावों को चाहिए कि वे इन देवताओं की एक सूची ज़रूर तैयार कराएँ। यह तथ्य प्रकट होना आवश्यक है कि तैंतीस कोटि फीगर्स में कितने अपनी उपासना करा रहे हैं और कितनों के सामने 'टु लेट' बोर्ड लटक रहा है!

सबसे अधिक आश्चर्य की बात यह है कि इतने देवताओं की उत्पत्ति कैसे हुई जबकि प्राचीन काल में भारत की आबादी बहुत कम रही? धार्मिक ग्रन्थों में जब तैंतीस करोड़ देवताओं की चर्चा है तब बात झूठ नहीं हो सकती। भारत मुख्यत: धर्म-परायण देश है। यहाँ की अधिकांश आबादी आस्तिकों की है। नास्तिक तो मूर्ख होते हैं, अत: उनकी चर्चा ही व्यर्थ है। इसलिए तैंतीस करोड़ देवताओं के अस्तित्व के बारे में अविश्वास करने की गुंजाइश नहीं।

मेरे एक मित्र हैं, मैंने उनसे अपनी शंका प्रकट की तो बोले—जिस प्रकार रेनाल्ड साहब ने अड़तालीस भाग में 'लंडन रहस्य' लिखा है—उसे देखकर हमारे बनारसी रईस बाबू देवकीनन्दन खत्री ने 'चन्द्रकान्ता' और 'भूतनाथ' मिलाकर बावन भाग लिखे हैं, ठीक उसी प्रकार जब आर्य अर्थात् हिन्दू यहाँ आये तब अनार्यों के बत्तीस करोड़ देवताओं की संख्या देखकर सम्भव है, उन्होंने अपने देवताओं की संख्या तैंतीस करोड़ बना ली हो। यद्यपि बात कुछ जमी नहीं, तथापि मेरी शंका की बोलती बन्द हो गयी।

इन देवाताओं की उत्पत्ति का विषय जितना रहस्यमय है, उतना ही इनकी

आवासभूमि भी। यदि कोई फ़र्स्ट डिविज़नर मास्टर ऑफ़ आर्ट्स इस विषय पर थीसिस लिखे तो अनायास उसे डॉक्टर की उपाधि मिल सकती है। जाति विशेष के विषय पर अन्वेषण करनेवाले विद्यार्थियों को जब स्कॉलरशिप मिलती है तब इस विषय पर आसानी से मिल सकती है। अब तक कतिपय देवताओं के निवास-स्थल का पता चला है, जैसे रामचन्द्रजी का अयोध्या, कृष्ण का मथुरा, कामक्षा का कामरूप, जगन्नाथ का पुरी, लक्ष्मी का बम्बई, काली का कलकत्ता, सीताजी का जनकपुरी और शिव का काशी। मुझे आशा है, इस सड़क पर समयानुसार कोई महाशय अवश्य थीसिस का खच्चर हाँकेंगे।

मन्दिरों की नगरी

काशी को साक्षात् शिवपुरी कहा गया है। यहाँ का प्रत्येक कंकड़ शंकर कहा जाता है। कुछ लोग तो इसे मन्दिरों की नगरी भी कहते हैं। संख्या-अन्वेषकों के मतानुसार यहाँ मकानों से अधिक मन्दिरों की संख्या है। शायद यह बात ठीक भी है क्योंकि सड़क चौड़ी करने के नाम पर इम्प्रूवमेन्ट ट्रस्ट मकान गिरा सकता है, दुकान तुड़वा सकता है और बगीचे का घेरा सड़क में ले सकता है, लेकिन मन्दिर-मसजिद का अंश छूने की हिम्मत उसमें नहीं है। कौन मन्दिरों के देवता और भक्तों से मुफ़्त झगड़ा मोल लेने जाए!

बनारस में कितने मन्दिर हैं अथवा यहाँ की आबादी में कितने आस्तिक हैं, इस बात का अन्दाज़ा किसी परिवार में कुछ दिन बिना रहे नहीं लग सकता। गृहस्वामी रोजी-रोज़गार में बरक्कत हो इस उद्देश्य से नित्य सवेरे गंगा-स्नान कर अन्नपूर्णा के मन्दिर में पंडितजी से जाप करवाते हैं, दुकान में गणेशजी को माला पहनाते हैं, धूप सुँघाते हैं और अन्त में 'शुभ-लाभ' शब्द के आगे श्रद्धा से सर झुकाते हैं। गृहस्वामिनी नाती-पोते का मुँह देखने के लिए और पति-पुत्र के कुशल-मंगल के लिए दुर्गा भवानी का दर्शन करती हैं। साहबज़ादे की नसों में जवानी अँगड़ाइयाँ लेती है, इसलिए वे महावीरजी के उपासक हैं, संकटमोचन के नियमित दर्शन करते हैं और सवा पाव दलबेसन का जलपान करते हैं। पुत्रवधू माँ बनने तथा पति को वश में रखने के लिए तुलसी के पौधे को सींचती है, पीपल के पेड़ में पानी देकर फेरी लगाती है।

प्राचीनकाल में भले ही हमारे घरों में एक ही कुल देवता रहे हों, लेकिन आज एक से अधिक देवता का पूजन प्रत्येक परिवार में होता है। पता नहीं, कब कौन देवता सन्तुष्ट होकर छप्पर फाड़कर धन दे दे या मनोकामना पूरी कर दे!

कुछ लोग ऐसे भी हैं जो एक अर्से तक एक देवता के उपासक बने रहने के बाद जब कुछ नहीं पाते तब मित्रों की राय के अनुसार अपने पुराने देवता को रिटायर्ड कर किसी दूसरे देवता के उपासक बन जाते हैं। आज जिन परिवारों में एक से अधिक देवताओं का पूजन होता है, वहाँ देवताओं का बड़ा रंग रहता है। प्रत्येक देवता का सिंहासन, पंचपात्र, शंख, धूपदान और पहनावा अलग-अलग होता है। यहाँ तक कि रुचि के अनुसार उन्हें नैवेद्य भी चढ़ाये जाते हैं।

मन्दिरों की अधिकता क्यों?

यह तो हुई गृह-देवताओं की कहानी। इसके अलावा सार्वजनिक मन्दिरों की अलग कहानी है। जिस प्रकार बनारस के हर चौराहे पर खचियों डॉक्टर, दर्जनों पानवाले और सैकड़ों खोमचेवाले मिलते हैं, ठीक उसी प्रकार मन्दिरों की भरमार है। काशी में प्राण त्यागना स्वर्ग में सीट रिजर्व कराने का सुगम मार्ग माना जाता है। कहा जाता है, ऐसे पुण्यात्माओं के वंशज अपने बाप-दादा की स्मृति में—जो कि उनकी अन्तिम इच्छा रहती है, पूरी करने के लिए—मन्दिर बनवा देते हैं। भले ही आगे चलकर उन मन्दिरों में बनारस शहर के स्थायी कोतवाल भैरवनाथ अपना अस्तबल बना लें। आज पंचकोशी में ऐसे अनेक शिव मन्दिर हैं जहाँ के शिव अक्षत-फूल को कौन कहे पानी के लिए तरसते हैं। पंचकोशी करनेवाले यात्री मन्दिर तक न जाकर सड़क पर से ही उनके मन्दिर के सामने पानी छिड़ककर आगे बढ़ जाते हैं और रात को उन मन्दिरों में भैरवनाथ के ख़ास वाहन (कुत्ता) सोते रहते हैं। चूँकि शंकर साक्षात् आशुतोष हैं, इसलिए केवल पानी पाकर सन्तुष्ट हो जाते हैं।

'राजतरंगिणी' के अध्ययन से पता चलता है कि प्राचीन काल में कश्मीर के प्राय: सभी नरेश अपने नाम पर, अपनी प्रियतमा के नाम पर और अपने पूर्वजों के नाम पर मन्दिर बनवाया करते थे। इस प्रकार उनके नाम देवी-देवता की कोटि में आ जाते थे। शायद उन लोगों ने गीता का अध्ययन किया था, इसीलिए 'नराणां च नराधिपम्' श्लोक को यथार्थवाद का रूप दे देते रहे। यह परम्परा केवल कश्मीर में ही नहीं, अपितु समस्त भारत में रही। फिर काशी जैसे मोक्ष-धाम में लोग यह परम्परा लागू कर पुण्य लूटने में पीछे क्यों रहते? जो लोग मन्दिर बनवाने में असमर्थ होते हैं, वे मन्दिरों की दीवालों या फर्श पर संगमरमर का एक टुकड़ा चिपकवाकर पुण्यात्मा बन जाते हैं, जैसे किसी तीर्थयात्री के वापस आने पर पैर धुलानेवाला बिना तीर्थ गये पुण्य का भागी बन जाता हैं। बनारस के अधिकांश मन्दिरों की यही हालत है। एक ने मन्दिर बनवाया; दूसरे ने फर्श, तीसरे ने घंटा टँगवाया, चौथे ने चहारदीवारी

बनवायी और पाँचवें ने मरम्मत या सफ़ेदी करवा दी। इस प्रकार मन्दिरों का निर्माण और जीर्णोद्धार होता रहता है। अधिक दूर क्यों, स्वयं काशी विश्वनाथ मन्दिर की यही हालत है। जब से वे ज्ञानवापी के कुएँ में गिर पड़े, वहाँ से फिर निकले नहीं। पुराना मन्दिर मसजिद के कारण अपवित्र हो चुका था, इसलिए वहाँ से हटकर नवीन मन्दिर रानी अहल्या बाई ने बनवाया। घंटा टँगवाया नेपाल नरेश ने, मन्दिर के ऊपर सोने का पत्तर चढ़वाया महाराज रणजीत सिंह ने और नौबतख़ाना बनवाया अज़ीमुल मुल्कअली इब्राहीम ख़ाँ ने। कहने का मतलब बाबा विश्वनाथ की सारी सामग्री दान की है। रात को आरती का प्रबन्ध नाटकोट छत्रवालों की ओर से होता है। यही हाल अन्नपूर्णा मन्दिर का है। वहाँ का एक हिस्सा और मूर्तियाँ श्री पुरुषोत्तमदास खत्री की बनवायी हुई हैं।

कुछ लोग ऐसे भी हैं जो न तो मन्दिर बनवा सकते हैं और न जीर्णोद्धार करा पाते हैं; ऐसे लोग मन्दिरों की दीवालों पर अपना नाम-ग्राम लिखकर भक्ति प्रदर्शित करते हैं। मुमकिन है, उनका यह कार्य यमराज के पुण्यवाले खाते में दर्ज हो जाता हो!

इतिहासकारों का मत है कि अकबर के शासनकाल में अकेले राजा मानसिंह ने बनारस में सवा लाख मन्दिरों का निर्माण करवाया था। उनमें से अकबर के परपोते औरंगज़ेब और उसके सैनिकों ने कितनों को तोड़ डाला; इसका रेकार्ड किसी भी इतिहास में प्राप्य नहीं है। काशी के पंडित प्रत्येक मन्दिर को सतयुग, द्वापर और त्रेता के समय का है—बताते हैं। पुरातत्त्ववाले काशी के मन्दिरों के बारे में कहते हैं कि सभी का निर्माण काल तीन सौ वर्ष के अन्तर्गत है। केवल कर्दमेश्वर का मन्दिर इसका अपवाद है। कर्दमेश्वर का मन्दिर दसवीं शताब्दी का है। लेकिन कुछ प्रगतिशील लोग इस प्रश्न पर शंका प्रकट करते हैं कि तुलसीदास के युग में अर्थात् सोलहवीं शताब्दी के समय जब भदैनी शहर का बाहरी अंचल माना जाता था तब कर्दमेश्वर जैसे स्थान में यह मन्दिर कैसे बन गया? अभी तक यह प्रश्न ज्यों-का-त्यों खड़ा है—इसे अभी हल करके बैठाया नहीं जा सका। कहने का मतलब पुरातत्त्ववालों का कथन और प्रगतिशील व्यक्तियों की शंका अपनी-अपनी जगह ठीक है।

यह निर्विवाद सत्य है कि बनारस में मन्दिरों की अधिकता इसलिए है कि भारत के सभी धर्मप्राण व्यक्ति जिन्हें कुछ काम नहीं था, यहाँ आकर मन्दिर बनवाते रहे अथवा अपनी यह सद्-इच्छा मरते समय अपने वंशजों पर प्रकट कर देते रहे ताकि उनके वंशज काशी में जाकर उनके नाम पर मन्दिर जरूर बनवा दें।

यदि पुरातत्त्ववालों का यह विचार सही मान लिया जाए कि सभी मन्दिर तीन सौ वर्ष के भीतर बने हैं तो यह मान लेना पड़ेगा कि इसके पहले के सभी मन्दिर या तो मसजिदों के रूप में परिणत हो गये या लुप्त हो गये, जैसे गंजी खोपड़ी से बाल लुप्त हो जाते हैं। फिर इन तीन सौ वर्षों में जबकि भारत गुलाम रहा—पैसे की कमी रही, चारों तरफ मार-काट मची हुई थी, इतने मन्दिर कैसे बन गये? इस विषय पर कई रायें हैं जिनमें एक राय मुझे अधिक संगत प्रतीत होती है। वह है—बनारस की गन्दगी।

बनारस में गन्दगी

बनारस में गन्दगी के दो कारण हैं—पहला नगरपालिका की असीम 'कार्यपटुता' और दूसरा बनारसियों की आदत। बनारस की किसी भी गली से आप गुजरिये उधर के सभी त्रिमुहानी, कोना अथवा सन्नाटावाले स्थानों में कर्मनाशा बहती है। सेन्ट से तर रूमाल भी नाक पर बिलबिलाने लगता है। कुछ प्रमुख स्थानों में नगरपालिका का कूड़ा गोदामघर है—जैसे बैंकवाले बड़े-बड़े फर्मों का रखते हैं। आपको जानकर आश्चर्य होगा कि जिस तरह बैंकवाले उतना ही माल पार्टी को उठाने देते हैं जितने माल का भुगतान पार्टी करती है, ठीक उसी प्रकार नगरपालिका भी जब जितना ज़रूरत समझती है उतना ही कूड़ा इकट्ठा करती है और उठाती है। नगरपालिका की सरकारी गाड़ी (कूड़ा ढोनेवाली भैंसा गाड़ी) जिस वक्त किसी संकरी गली से गुजरती है, ट्रैफिक रुक जाता है।

नगरपालिका की इस आदत को छुड़ाने के लिए नागरिकों ने दूसरा कदम अख़्तियार किया। जिन क्षेत्रों में कूड़े का अम्बार लगा रहता था, वहाँ के नागरिक पहले उन कूड़ों के ऊपर दरी बिछाकर नगरपालिका के मेम्बरों और चेयरमैन को बुलाकर सभा करवाते रहे। इससे भी जब समस्या हल नहीं हुई तो चन्दा इकट्ठा कर एक दिन वहाँ एक मन्दिर बनवा दिया। फिर उसमें किसी देवता को प्रतिष्ठित कर दिया। इनमें महाबीरजी, चौरामाई और शंकर प्रमुख हैं। इसके बाद कुछ लोग नियमित रूप से वहाँ पूजा-पाठ हवन करने लगे। कथाएँ हुईं। अर्से तक भीड़-भाड़ होती रही। इस प्रकार वह स्थान पवित्र हो गया। इतनी गनीमत है कि नगरपालिका के अधिकांश अधिकारी आस्तिक हैं, खासकर कूड़ा—अधिकारी; इसलिए जो-जो स्थान इस तरह पवित्र होते गये, उन्हें पुनः अपवित्र करने की चेष्टा नहीं की गयी। इस प्रकार बनारस में मन्दिरों की संख्या बढ़ती गयी।

काशी के प्रमुख मन्दिर

बनारस में सिर्फ विश्वनाथ मन्दिर ही नहीं है, बल्कि समस्त भारत के देवी-देवता और तीर्थस्थान भी हैं। यदि आप चारों धाम नहीं कर सकते अथवा समस्त देवी-देवता के दर्शन से वंचित हैं तो आज ही काशी चले आइए। बद्रीनाथ, केदारनाथ, रामेश्वर, जगन्नाथ जी, कामक्षा, काली, पशुपतिनाथ, कृष्ण कन्हैया, द्वारकाधीश, महालक्ष्मी और दुर्गा आदि के मन्दिरों को देख लीजिए। गंगोत्री, पुष्कर, वैद्यनाथ, भास्कर और मानसरोवर आदि तीर्थस्थान देख लीजिए।

तुलसीदासजी का बनवाया हुआ संकटमोचन का मन्दिर जहाँ का बेसन का लड्डू परम प्रसिद्ध है, गोपाल मन्दिर जहाँ का ठोर (एक प्रकार की मिठाई) बिना दाँत का व्यक्ति खा जाता है और दुर्गाजी का मन्दिर जहाँ रामजी की सेना रहती है—बनारस के प्रमुख मन्दिरों में हैं। काशी करवट का शिव मन्दिर तो इतना प्रसिद्ध है कि दोपहर के वक्त शिवजी बिजली की रोशनी में दर्शन देते हैं। यहाँ का इतिहास आज भी बड़े-बूढ़ों की जबान पर है। बराहीदेवी के मन्दिर में औरतें नहीं जाने पातीं। कहा जाता है किसी समय वे एक लड़की को निगल गयी थीं। चूँकि उनके मुँह में उस लड़की की चुनरी लटकी हुई थी, इसलिए यह पता चल गया कि वे निगल गयी हैं, वरना लड़की का गायब होना रहस्य बना रह जाता। इस घटना के बाद से औरतें ऊपर से दर्शन करती हैं, केवल पुरुष भीगे हुए वस्त्र पहनकर नीचे जाते हैं। काशी में आदि विश्वेश्वर का मन्दिर है जहाँ गोपाष्टमी के समय शहर की वारांगनाएँ मुफ्त में आकर मनोविनोद करती हैं। पास ही सत्यनारायण मन्दिर में श्रावण के झूले में भगवान का ऐसा लाजवाब शृंगार होता है कि देखकर भगवान के भाग्य पर ईर्ष्या होती है। लाट, भूत, आनन्द और बटुक आदि आठ भैरव, सोलह विनायक और नव दुर्गा के मन्दिर अपने-अपने मौसम में बनारस के नागरिकों को बुलाते हैं।

काशी में कला की दृष्टि से दो मन्दिर दर्शनीय हैं। एक भारतमाता का मन्दिर, दूसरा नेपाली मन्दिर। यह तो अपनी-अपनी भावना है कि कुछ लोग मन्दिरों का निर्माण बेकार समझते हैं, बुर्जुआवादी और पोंगापन्थी समझते हैं। उनका ख़्याल है कि मन्दिरों में अनाचार होते हैं। लेकिन आस्तिकजन (जिनमें मैं स्वयं भी हूँ) ऐसा नहीं मानते। ये दोनों मन्दिर जीवन के लिए एक दर्शन है। एक से देशभक्ति, दूसरे से काम-जीवन की शिक्षा मिलती है।

बनारस में दो मन्दिर ऐसे भी हैं जिनके पास बैंक हैं। उनमें एक राम रमापति

और दूसरा शिव बैंक है। इन बैंकों में राम नाम और शिव नाम जमा होते हैं— उधार दिए जाते हैं। सोचिए, विश्व में ऐसे बैंक भला कहीं हैं?

इन मन्दिरों के अलावा कुछ ऐसे मन्दिर हैं जिनकी पूजा वे लोग करते हैं जो अच्छे मन्दिरों में जा नहीं पाते अथवा बड़े देवताओं पर जिनका विश्वास नहीं होता। ऐसे लोग मुड़ीकट्टा बाबा, भैंसासुर बाबा, ताड़देव, पीरबाबा और बेचूबीर आदि स्थानों में जाकर शराब-गाँजा भी चढ़ाते हैं, पराठें और मोहनभोग का भी भोग लगाते हैं। इनके देवता सब कुछ प्रेम से दिया नैवेद्य स्वीकार कर लेते हैं। बरसात के मौसम में ये सभी देवता कजरी सुनते हैं, वेश्या का नाच देखते हैं और भजन भी सुनते हैं। देवता श्रद्धा के प्रेमी होते हैं वस्तु के नहीं। इन देवताओं के उपासकों की संख्या भी कम नहीं है।

अब तो पूज्य करपात्री जी काशी में व्यक्तिगत विश्वनाथ मन्दिर का निर्माण कर चुके और उधर विश्वविद्यालय में नगर का सबसे ऊँचे शिखरवाला विश्वनाथ मन्दिर बन गया है। इस प्रकार अब बनारस में तीन-तीन विश्वनाथ मन्दिर बन गये। एक सभी हिन्दुओं का, दूसरा सवर्ण हिन्दुओं का और तीसरा विश्वविद्यालय के छात्रों का। अब किसी को विश्वनाथजी से शिकायत नहीं रहेगी कि महाराज, मुझे आपका दर्शन नहीं मिलता।

बनारस के मकान

बनारस के मकानों पर कुछ लिखने के पहले एक बात साफ़ कर देना चाहता हूँ। मेरा मकसद यह नहीं है कि बनारस में कहाँ, किस मुहल्ले में, कितने किराये पर, कौन–सा मकान या फ़्लैट खाली है अथवा बिक़ाऊ है, इन सब बातों की रिपोर्ट पेश करूँ। काफी जोर–शोर के साथ अगर तलाश की जाए तो भगवान मिल जाएँगे, पर नौकरी और मकान नहीं। आजकल इन बातों का ठेका अख़बारों के विज्ञापन मैनेजरों ने और हथुआ कोठी के रेंट कंट्रोलर साहब ने ले रखा है। आपके दिमाग में यह ख़्याल पैदा हो गया हो कि आपका भी बनारस में 'इक बँगला बने न्यारा' और इस मामले में आपकी मदद करूँगा (मसलन मकान बनवाने के नाम पर सरकार से किस प्रकार क़र्ज़ लिया जा सकता है, यह सब तिकड़म बताऊँगा) तो आपको गहरा धोखा होगा। मैं तो सिर्फ़ बनारस के मकानों का भूगोल और इतिहास बताऊँगा।

अब आप शायद चौंकें कि मकानों का भूगोल–इतिहास कैसा? मकान माने मकान। चाहे वह बम्बई में हो या बनारस में। लेकिन दरअसल बात यह नहीं है। मकान माने महल भी हो सकता है और झोपड़ी भी हो सकती है। बम्बई में एक मकान अपने लिए जितनी जमीन घेरता है, बनारस में उतनी जमीन में पचास मकान बन सकते हैं। यह बात अलग है कि बम्बई के एक मकान की आबादी बनारस के पचास मकान के बराबर है।

दूसरी जगह आप मकान देखकर मकान–मालिक के बारे में अन्दाज़ा लगा सकते हैं। मसलन वह बड़ा आदमी है, सरकारी अफ़सर है, दुकानदार है, ज़मींदार है अथवा साधारण व्यवसायी है। लेकिन बनारस के मकानों की बनावट के आधार पर मकान–मालिक के बारे में कोई राय क़ायम करना ज़रा मुश्किल काम है।

मान लीजिए आपने एक मकान देखा, जिसमें मोटर रखने का गैरज भी है।

ख़ामख्वाह यह ख़्याल पैदा हो ही जाएगा कि मकान-मालिक बड़े शान से रहता है। रईस आदमी है। लेकिन जब आपकी उससे मुलाक़ात हुई तो नज़र आया, गलियों में 'रामदाना के लड्डुवा, पइसा में चार' की चलती-फिरती दुकान खोले है। राह चलते किसी की शक़्ल देखकर आपने नाक सिकोड़ ली, पर वही आदमी शहर का सबसे सज्जन और कई मकानों का मालिक निकला। इसके विरुद्ध टैक्सी पर चलनेवाले, गैवर्डीन का सूट पहने सज्जन खपरैल के मकान में किराये पर रहते मिलेंगे।

बनारस में अन्नपूर्णा मन्दिर की बगल में राममन्दिर के निर्माता श्री पुरुषोत्तमदास खत्री जब बाहर निकलते थे तब उनके एक पैर में बूट और दूसरे में चप्पल रहता था।

बाहर से भव्य दीखनेवाला महल भीतर खंडहर हो सकता है और बाहर से कंडम दीखनेवाला मकान भीतर महल हो सकता है। इसीलिए बनारस के मकानों का भूगोल-इतिहास जानना ज़रूरी है।

भूगोल

अगर आपने आगरे का स्टेशन बाज़ार, लाहौर का अनारकली, बम्बई का मलाड, कानपुर का कलक्टरगंज, लखनऊ का चौक, इलाहाबाद का दारागंज, कलकत्ते का नीमतल्ला घाट और पुरानी दिल्ली देखा है तो समझ लीजिए उनकी खिचड़ी बनारस में है। हर मॉडल के, हर रंग के और ज्योमेट्री के हर अंश-कोण के मकान यहाँ हैं।

बनारस धार्मिक दृष्टि से और ऐतिहासिक दृष्टि से दो भागों में बँटा हुआ है। धार्मिक दृष्टि से केदार खंड, विश्वनाथ खंड और ऐतिहासिक दृष्टि से भीतरी महाल और बहरी अलंग। प्राचीन काल में लोग गंगा किनारे बसना अधिक पसन्द करते थे ताकि टप् से गंगा में गोता लगाया और खट् से घर के भीतर। सुरक्षा-की-सुरक्षा और पुण्य मुनाफे में। नतीजा यह हुआ कि गंगा किनारे आबादी घनी हो गयी। आज तो हालत यह है कि भीतरी महाल शहर का अंग न होकर पूरा तिलस्म-सा बन गया है। बहुत मुमकिन है, 'चन्द्रकान्ता' उपन्यास के रचयिता बाबू देवकीनन्दन खत्री को भीतरी महाल के तिलस्मों से ही प्रेरणा मिली हो।

काश! उन दिनों इम्प्रूवमेंट ट्रस्ट होता, तो हमारे बाप-दादे मकान बनवाने के नाम पर हमारे लिए तिलस्म न बनाते। चौड़ी सड़कों को तंग गलियों का रूप न देते। यदि इम्प्रूवमेंट ट्रस्ट जैसी संस्था उन दिनों बनारस में होती हो सम्भव था बनारस लन्दन या न्यूयार्क जैसा न सही, मास्को अथवा मेलबोर्न ज़रूर बन जाता।

बुज़ुर्गों का कहना है कि काशी की तंग गलियाँ और ऊँचे मकान मैत्री भावना के प्रतीक हैं। भूत-प्रेत की नगरी में लोग पास-पास बसना अधिक पसन्द करते थे ताकि वक़्त ज़रूरत पर एक दूसरे की मदद कर सकें। मसलन, आज किसी के घर आटा नहीं है तो पड़ोस से हाथ बढ़ाकर माँग लिया, रुपया उधार माँग लिया, नया पकवान बना है तो कटोरे में रखकर हाथ बढ़ाकर पड़ोसी को दे दिया, कोई सामान मँगनी में माँगना हुआ अथवा सूने घर का अकेलापन दूर करने के लिए अपने-अपने घर में बैठे-बैठे गप्प लड़ाने की सुविधा की दृष्टि से भीतरी महाल के मकान बनाये गये हैं। इससे लाभ यह होता है कि चार-पाँच मंज़िल नीचे न उतरकर सब काम हाथ बढ़ाकर सम्पन्न कर लिये जाते हैं। कहीं-कहीं पड़ोसियों का आपस में इतना प्रेम बढ़ गया कि गली के ऊपर पुल बनाकर आने-जाने का मार्ग भी बना लिया गया है। यही वजह है कि भीतरी महाल के मकानों में चोरी की घटनाएँ नहीं होतीं। इस इलाके में रहना गर्व की बात मानी जाती है। बनारस के अधिकांश रईस-सेठ और महाजन इधर ही रहते हैं। बाक़ी कुली-कबाड़ी और उचक्कों के लिए बाहरी अलंग है। लेकिन जब से बनारस की सीमा वरुणा-असी की सीमा को तोड़कर आगे बढ़ गयी है तबसे भीतरी महाल की स्थिति चिर विधवा-सी हो गयी है। भले ही गर्मी में शिमले का मज़ा मिले, पर आधुनिक युग के लोग उधर रहना पसन्द नहीं करते।

इसका मुख्य कारण है—यातायात के साधनों की कमी। आधी रात को आपके यहाँ बाहर से कोई मेहमान आये अथवा सपत्नीक बारह बजे रात-गाड़ी से सफ़र के लिए जाना चाहे तो बक्सा बीवी के सिर पर और बिस्तर स्वयं पीठ पर रखकर सड़क तक आइए, तब कहीं रिक्शा मिलेगा। भीतरी महाल में रात को कौन कहे, दिन में भी कुली नहीं मिलते। गलियाँ इतनी तंग हैं कि कोई भी गाड़ी भीतर नहीं जाती। दुर्भाग्यवश आग लगने अथवा मकान गिरने की दुर्घटना होने पर तत्काल सहायता नहीं मिलती। हाँ, यह बात अलग है कि मरीज़ दिखाने के लिए डॉक्टरों को ले जाने में सवारी का खर्च नहीं देना पड़ता।

जिस प्रकार एक ही शक़्ल के दो आदमी नहीं मिलते, ठीक उसी प्रकार बनारस के दो मकान एक ढंग के नहीं हैं। कोई छः मंज़िला है तो उसकी बग़ल एक मंज़िला मकान भी है। किसी मकान में काफी बरामदे हैं तो किसी में एक भी नहीं। भीतरी महाल के कमानों का निचला हिस्सा सीलन, अन्धकार और गन्दगी से भरा रहता है। बाहरी अलंग के मकानों की हालत कुछ अच्छी है।

पुराने जमाने में बाप-दादों के पास धुआँधार पैसा रहा, औलाद के लिए एक

महल बनवा गये। बेचारे औलाद की हालत यह है कि राशन की दुकान में गेहूँ तौल रहा है। उसे इतनी कम तनख़्वाह मिलती है कि मरम्मत कराना तो दूर रहा, दीपावली पर पूरे मकान की सफ़ेदी तक नहीं करा पाता।

बनारस में छोटे–बड़े सभी क़िस्म के मकानदारों की इज़्ज़त एक–सी है। कोई बड़ा मकानवाला छोटे मकानवाले की ओर उपेक्षा की दृष्टि से नहीं देख सकता। यहाँ तक कि बड़े मकान में रहनेवाले अपने मकान से पड़ोस के छोटे मकान में झाँककर कुछ देख नहीं सकते। अगर आपने ऐसी ग़लती की तो दूसरे दिन पूरा परिवार लाठी लेकर आपके दरवाज़े पर आ डटेगा, और सबसे पहले तो शब्दकोश के तमाम शब्दों के द्वारा आपका स्वागत करेगा। अगर आप ताव में आकर बाहर चले आये तो ख़ैरियत नहीं। इसके बाद भले ही आप 99 पर (पुलिस उड़ाका दल) फोन कीजिए, थाने में रिपोर्ट लिखवाइए और दावा दायर कीजिए। छोटे मकान–मालिकों की इस हरकत से आज–कल लोगों ने ऊँचा मकान बनवाना छोड़ दिया है। बनारस में दूसरों के मकान में झाँकना शराफ़त के ख़िलाफ़ काम समझा जाता है।

एक क़ानून है—हक़ सफ़ा। अन्य शहरों में यह क़ानून लागू है या नहीं, यह तो नहीं मालूम, पर बनारस में इस कानून के जरिये कमज़ोर पड़ोसी को परेशान किया जा सकता है। अगर कोई मकान बेच रहा है तो उसे अपने पीछे, अग़ल–बग़ल तीनों को इत्तलाकर उनसे सलाह लेकर बेचना होगा। वह चुपचाप यह काम नहीं कर सकता अन्यथा अड़ंगा लगा देने पर वह मकान किसी भी क़ीमत में नहीं बिक सकता।

इतिहास

काशी के प्राचीन इतिहास से पता चलता है कि काशी पहले वरुणा नदी के तट पर थी। इसका निरीक्षण फाह्यान, ह्वेनच्याँग और अलबैहाकी तक कर गये हैं।

काशी कितनी प्राचीन है, यह तो राम जाने। लेकिन यहाँ का प्रत्येक मुहल्ला इतिहास से सम्बन्धित है और प्रत्येक मकान ऐतिहासिक है। इस बात का प्रत्यक्ष प्रमाण यह है कि सरकार ने जिन मकानों को महत्त्वपूर्ण समझा है उनके लिए आदेश दिया है कि वे मकान गिरने न पाएँ, अग़ल–बग़ल, इधर–उधर चारों तरफ से चाँड़ लगाकर उन्हें गिरने से रोका जाए। आज अधिकांश मकान इस हुक़्म के कारण अपनी जगह पर खड़े हैं, उन्हें गिरने से रोका गया है। बनारस के दस प्रतिशत मकान जिन्हें नींद आ रही थी, चाँड़ लगवाने के कारण सुरक्षित हैं।

कुछ भाई लोगों के मकान इस क़िस्म के हैं कि अगर उनके तीनों तरफ का मकान गिर जाए तो उनका मकान नंगा हो जाएगा। कहने का मतलब पड़ोसी के मकान से ही भाई साहब अपना काम चला लेते हैं और उनके दबाव में इनके मकान का लिफ़ाफ़ा खड़ा है।

बनारस का प्रत्येक मुहल्ला ऐतिहासिक है। मसलन जब दाराशिकोह यहाँ पढ़ने आया था तब जहाँ ठहरा उसका नाम दारानगर हो गया। औरंगज़ेब आया तो औरंगाबाद बसा गया। नवाब सआदतअली ख़ाँ बनारस में आकर जहाँ ठहरे उस स्थान का नाम नवाबगंज हो गया। उनके घसियारे जहाँ ठहरे वह स्थान घसियारी टोला और खोजा जहाँ ठहरे खोजवाँ हो गया। बुल्लासिंह डाकू के नाम पर बुलानाला महाल बस गया। मानमन्दिर, मीरघाट, राजघाट और तुलसीघाट के बारे में सभी जानते हैं। डॉक्टर सम्पूर्णानन्द के मतानुसार अगस्तकुंडा में महामुनि अगस्त्य रहते थे। इस प्रकार देखा जाए तो बनारस का प्रत्येक स्थान पौराणिक और ऐतिहासिक महत्त्व रखता है।

चेतगंज मुहल्ला चेतसिंह के नाम पर बसा तब जगतसिंह को अपने नाम पर मुहल्ला बसाने की सूझी। नतीजा यह हुआ कि सारनाथ के धर्मराजिक स्तूप को उखाड़कर उन्होंने जगतगंज मुहल्ला बसा डाला। कुछ लोग कहते हैं, इसे जगतसिंह ने नहीं बसाया है, वे सिर्फ़ यहाँ रहते थे। यह मुहल्ला तो बौद्धकालीन वाराणसी की बस्ती है। अब इसका ठीक-ठीक निर्णय तभी हो सकता है जब जगतगंज को खुदवाकर उसकी जाँच पुरातत्त्व विभागवाले करें।

बनारस में तीन क़िस्म के मकान बने हैं। पत्थर के बने मकान बौद्धकाल के बाद के हैं; लखवरिया ईंटोंवाले मकान बौद्ध युग के पूर्व से मुग़लकाल तक के हैं। नम्बरिया ईंटों के बने मकान ईस्ट इंडिया कम्पनी से लेकर 14 अगस्त, सन् 1947 ई. तक बने हैं। आजकल की नम्बरिया ईंटों की साइज़ नौ गुणा साढ़े चार इंच की हो गयी है। इस साइज की ईंटों के बने मकान काँग्रेसी शासनकाल के हैं।

यद्यपि काशी में मुहल्ले और मकान काफी हैं, पर हवेली साढ़े तीन ही हैं। महल कई हैं। हवेलियों में देवकीनन्दन की हवेली, काठ की हवेली, कश्मीरीमल की हवेली और विश्वम्भरदास की हवेली काशी में प्रसिद्ध है। इनमें आधी हवेली कौन है, इसका निर्णय आजतक नहीं हुआ। पांड़े हवेली को हवेली क्यों नहीं माना जाता, यह भी बताना मुश्किल है, जब कि इस नाम से भी एक मुहल्ला बसा हुआ है।

यदि आपको भ्रमण का शौक है और पैसे या समय के अभाव से समूचा हिन्दुस्तान देखने में असमर्थ हैं तो मेरा कहना मानिए, सीधे बनारस चले आइए। यहाँ हिन्दुस्तान के सारे प्रान्त मुहल्ले के रूप में आबाद हैं। हिन्दुओं के तैंतीस करोड़ देवता काशीवास करते मिलेंगे, गंगा उत्तरवाहिनी है, तिलस्मी मुहल्ला है, ऐतिहासिक मकान हैं और जो कुछ यहाँ है, वह दुनिया के सात पर्दे में कहीं नहीं है। बनारस-दर्शन से भारत-दर्शन हो जाएगा। यहाँ एक-से-एक दिग्गज विद्वान और प्रकांड पंडित हैं। प्रत्येक प्रान्त का अपना-अपना एक मुहल्ला भी है।

बंगालियों का बंगाली टोला, मद्रासियों तथा दक्षिण भारतीयों का हनुमान घाट, केदारघाट, पंजाबियों का लाहोरीटोला, गुजरातियों का सूतटोला, मारवाड़ियों की नन्दनसाहू गली, कन्नड़ियों का अगस्तकुंडा, नेपालियों का बिन्दुमाधव, ठाकुरों का भोजूबीर, राजपूताने के ब्राह्मणों की रानीभवानी गली, सिन्धियों का लाला लाजपतराय नगर, महाराष्ट्रियों का दुर्गाघाट, बालाघाट, मुसलमानों का मदनपुर, अलईपुर, लल्लापुर और काबुलियों का नयी सड़क-बेनिया मुहल्ला प्रसिद्ध हैं। इसके अलावा चीनी, जापानी, सिंहली, फ्रांसिसी, भूटानी, अंग्रेज़ और अमेरिकन भी यहाँ रहते हैं। सारनाथ में बौद्धों की बस्ती है तो रेवड़ी तालाब पर हरिजनों की। व्यवसाय के नाम पर भी अनेक मुहल्ले आबाद हैं।

बनारस की चौपाटी

काशी को दुनिया से न्यारी कहा जाता है और यह सारा 'न्यारापन' बनारसी चौपाटी—दशाश्वमेध घाट पर खिंच आया है, यह निस्सन्देह कहा जा सकता है।

जो बम्बई की चौपाटी की चाट खा आये हैं, उन्हें दशाश्वमेध घाट की चौपाटी कहते ज़रा झिझक होती है। ऐसे लोगों को असली बनारसी 'गदाई' के विशेषण से युक्त करने में कभी संकोच नहीं होगा। किसी बनारसी को अगर बम्बई में छोड़ दिया जाए तो वह अपने को 'पागल' समझने को विवश हो जाएगा बस कुछ ही दिनों में। बम्बई में पाश्चात्य चमक भले ही हो, पर भारतीयता की झलक तो अपने बनारस में ही मिलती है। ख़ैर।

यह निश्चिन्त मन से स्वीकारा जा सकता है कि बम्बई की चौपाटी का दशाश्वमेध घाट से कोई मुकाबला नहीं। एक में बाज़ारू सौन्दर्य है तो दूसरे में शाश्वत।

मुलाहज़ा फरमाइए—

सुबह होते ही, घाट पर मालिश का बाज़ार गर्म. हो जाता है। बनारसी के लिए स्नान के पूर्व मालिश का वही महत्त्व है, जो आधुनिकों के लिए स्नोक्रीम-पाउडर का। एक पैसे की दक्षिणा में कपड़ों की चौकीदारी, स्नानोपरान्त आईने-कंघी की व्यवस्था से लेकर तिलक लगाने तक की सेवा आप यहाँ उपस्थित घाटिये से ले सकते हैं। ब्राह्मण का आशीर्वाद फोकट में मिल जाएगा।

ज़रा सामने निगाह उठाइए तो गंगा की छाती पर धीरे-धीरे उस पार की ओर सरकती नौकाएँ आपका ध्यान तुरन्त आकर्षित कर लेंगी। बनारस के 'गुरु' और रईस शहर में मल-त्यागना अपराध समझते हैं, सो उस पार निछद्दम में निपटान को जाते हुए बनारसी की दिव्य छटा से आपकी आत्मा तृप्त हो जाएगी। ये निपटान-नौकाएँ, अधिकतर पर्सनल होती हैं और इनका दर्शन शाम को भी किया जा सकता है।

स्नानार्थियों में कम-से-कम सत्तर परसेंट महिलाएँ होती हैं, इसलिए कुछ बीमार किस्म के 'आँख-सेंकते' भी दिखाई पड़ेंगे। बनारस की महिलाएँ ज़रा मर्दानी किस्म की होती हैं, सो ऐसे बीमारों की कतई परवाह नहीं करतीं।

अस्सी और वरुणा-संगम के मध्य में होने के कारण यहाँ से सम्पूर्ण बनारस की परिक्रमा आप कर सकते हैं, इसलिए कि काशी का 'रस' यहाँ के घाटों में ही की सन्निहित है।

अब घाट से ऊपर आइए और देखिए कि बनारस कितना कंगाल है—सड़क पर अपनी गृहस्थी जमाये भिखमंगों को देखकर स्वाभाविक है कि बनारस के प्रति आपका आइडिया खराब हो जाए, यह अनभिज्ञता और भ्रम का परिणाम है। काशी के भिखमंगों की माली हालत आफ़िस में कलम रगड़नेवाले सफ़ेद-पोश बाबुओं से उन्नीस नहीं होती। मरने के बाद उनके लावारिस गूदड़ के अन्दर से सरकार को अच्छी-ख़ासी आमदनी हो जाती है। भिखमंगों के बनवाये हुए अनेक भवन-धर्मशालाएँ बनारस में स्थित हैं। एक बार चितरंजन पार्क के पास एक बूढ़ी भिखमंगिन जब मरी तब उसके गूदड़ से सात सौ अट्ठासी रुपये, साढ़े तेरह आने की मोटी रकम प्राप्त हुई थी। मेरे कहने का यह मतलब नहीं कि आप उन्हें 'छिपा-रईस' समझ कर उनका जायज हक़ हड़प कर लें। भीख माँगना उनका पेशा है और पेशे का सम्मान करना आपका धर्म।

शाम को इस बनारसी चौपाटी का वास्तविक सौन्दर्य दीख पड़ता है। कराची की फ़ैशनपरस्ती, लाहौर की शोख़ी, बंगाल की कलाप्रियता, मद्रास की शालीनता, गुजरात-महाराष्ट्र सब उमड़ पड़ता है। यद्यपि दशाश्वमेध का क्षेत्र बहुत ही सीमित है तथापि गागर में सागर का समा जाना आप ख़ूब अनुभव कर लेंगे।

विश्वनाथ गलीवाली नुक्कड़ से सिलसिलेवार स्थित तीन रेस्तराँ आपको सर्वाधिक आकर्षित करेंगे। उनके अनुचर मोची से लेकर श्रीमान् तक को बिना किसी भेदभाव के भाई साहब, चचा, दादा और बहनजी आदि पुनीत सम्बोधनों से निहाल कर देंगे; भले ही आपकी जेब में एक कप चाय तक की कीमत न हो।

उपर्युक्त तीनों जलपान घरों का ऐतिहासिक महत्त्व है। बनारस के इकन्नियाँ ब्रांड से लेकर रुपये ब्रांड तक के साहित्यकार, शाम को इन्हें अपने आगमन से पवित्र करना अपना कर्तव्य समझते हैं। थोड़ा प्रयत्न करें तो घाट के किसी अँधेरे कोने में साहित्यकारों की मंडली किसी गम्भीर साहित्यिक समस्या में उलझी हुई मिल जाएगी।

यों काशी का ऐसा कोई साहित्यकार आपको नहीं मिलेगा जो दशाश्वमेध

में न जमता हो। अनेक साहित्यिक वादों का प्रसार और उनके आपरेशन का थियेटर भी दशाश्वमेध ही है। अधिकतर साहित्यिक गोष्ठियाँ भी यहीं आयोजित होती हैं।

घाट पर शाम को धर्मों की जो धारा लहरती है, वह अन्यत्र दुर्लभ ही है। कथावाचक रामायण, महाभारत, चैतन्य चरितावली, भागवत आदि की पुनीत कथा से वातावरण को गमका देते हैं।

इस स्थान की प्रशंसा भारतीयों ने की ही है, दूसरे देशवालों ने भी इसका गुणगान किया है। प्रसिद्ध पर्यटक श्री जे.बी.एस. हाल्डेन की पत्नी ने कहा है कि मुझे यह जगह न्यूयार्क से अच्छी लगती है। एक रूसी पर्यटक ने इसे पेरिस से सुन्दर नगरी कहा है। विश्व स्वास्थ्य संघ के एक अधिकारी ने इसे सारे जहाँ से अच्छा स्थल माना है। मेरे एक मित्र, जो लन्दन गये हुए हैं, उन्होंने जब स्वेज नहर का दृश्य देखा तब उन्हें बनारस के घाटों के दृश्य याद आ गये।

प्राचीन काल में दशाश्वमेध का नाम 'रूपसरोवर' था। इसके बगल में घोड़ा घाट है। पहले इसका नाम गऊघाट था। काशी की गायें यहाँ पानी पीने आती थीं। गोदावरी-गंगा का संगम-स्थल आज घोड़ाघाट बन गया है। त्रेतायुग में दिवोदास ने यहाँ दस अश्वमेध यज्ञ करवाये थे, तभी से इस स्थान का नाम दशाश्वमेध घाट हो गया है। आज भी ऊपर दशाश्वमेधेश्वर की मूर्ति है।

शायद ही ऐसी कोई राजनीतिक पार्टी होगी जिसकी सभा इस घाट पर न हुई हो। ख़ासकर सन् 42 के आन्दोलन के पूर्व के सभी उपद्रव इसी घाट से प्रारम्भ किये जाते थे। शहर का प्रत्येक जुलूस इसी स्थान से सज-धजकर चलता है। शहर की सबसे बड़ी सट्टी (तरकारी बाज़ार) यहीं है और महामना मालवीय ने हरिजन-शुद्धि का आन्दोलन इसी घाट से प्रारम्भ किया था।

अब उत्तर प्रदेश के मुख्यमन्त्री की कृपा से इस घाट का पुनर्निर्माण शुरू हुआ है। निर्माण कार्य समाप्त हो जाने पर यह निश्चित है कि यह स्थान काशी का सर्वाधिक आकर्षक केन्द्रस्थल बन जाएगा।

बम्बइया चौपाटी को मात देने के लिए उत्तर प्रदेशीय सरकार ने भी एक मार्वेलेस प्लान कार्यान्वित करने का निश्चय कर लिया है। राजघाट-सारनाथ सड़क के पुल के फाटक बन्द करके वरुणा नदी से विशाल झील निर्मित होगी। शान्त वातावरण में इस झील में जल-विहार कितना मनोरम होगा, अनुमान ही मन में स्फुरण भर देता है।

बनारस की सीढ़ियाँ

राँड़, साँड, सीढ़ी, संन्यासी।
इनसे बचे तो सेवे काशी॥

पता नहीं, कब किस दिलजले ने इस कहावत को जन्म दिया कि काशी की यह कहावत अपवाद के रूप में प्रचलित हो गयी। इस कहावत ने काशी की सारी महिमा पर पानी फेर दिया है। मुमकिन है कि उस दिलजले का इन चारों से कभी वास्ता पड़ा हो और काफी कटु अनुभव हुआ हो। ख़ैर, चाहे जो हो, पर यह सत्य है कि काशी आनेवालों का इन चारों से परिचय हो ही जाता है। फिर भी आश्चर्य का विषय यह है कि काशी में आनेवालों की संख्या बढ़ती जा रही है और जो एक बार यहाँ आ बसता है, मरने के पहले टलने का नाम नहीं लेता, जबकि पैदा होनेवालों से कहीं अधिक श्मशान में मुर्दे जलाये जाते हैं। यह भी एक रहस्य है।

इन चारों में सीढ़ी के अलावा बाकी सभी सजीव प्राणी हैं। बेचारी सीढ़ी को इस कहावत में क्यों घसीटा गया है, समझ में नहीं आता। यह सत्य है कि बनारस की सीढ़ियाँ (चाहे वे मन्दिर, मस्जिद, गिरजाघर अथवा घर या घाट—किसी की क्यों न हों) कम ख़तरनाक नहीं हैं, लेकिन यहाँ की सीढ़ियों में दर्शन और अध्यात्म की भावना छिपी हुई है। ये आपको जीने का सलीका और ज़िन्दगी से मुहब्बत करने का पैगाम सुनाती हैं। अब सवाल है कि वह कैसे? आँख मूँदकर काम करने का क्या नतीजा होता है, अगर आपने कभी ऐसी ग़लती की है, तो आप वह स्वयं समझ सकते हैं। सीढ़ियाँ आपको यह बताती रहती हैं कि आप नीचे की ज़मीन देखकर चलिए, दार्शनिकों की तरह आसमान मत देखिए, वरना एक अर्से तक आसमान में दिखा दूँगी अथवा कज़ा आयी है—जानकर सीधे शिवलोक भिजवा दूँगी।

काशी की सीढ़ियाँ चाहे कहीं की क्यों न हों, न तो एक नाप की हैं और न उनकी बनावट में कोई समानता है, न उनके पत्थर एक ढंग के हैं, न उनकी

ऊँचाई-नीचाई एक-सी है, अर्थात् हर सीढ़ी हर ढंग की है। जैसे हर इनसान की शक्ल जुदा-जुदा हैं, ठीक उसी प्रकार यहाँ की सीढ़ियाँ जुदा-जुदा ढंग से बनाई गयी हैं। काशी की सीढ़ियों की यही सबसे बड़ी ख़ूबी है। अब आप मान लीजिए सीढ़ी के ऊपर हैं, नीचे तक ग़ौर से सारी सीढ़ियाँ आपने देख लीं और एक नाप से कदम फेंकते हुए चल पड़े, पर तीसरी पर जहाँ अनुमान से आपका पैर पड़ना चाहिए नहीं पड़ा, बल्कि चौथी पर पड़ गया। आगे आप ज़रा सावधानी से साथ चलने लगे तो आठवीं सीढ़ी अन्दाज़ से कहीं अधिक नीची है, ऐसा अनुभव हुआ। अगर उस झटके से अपने को बचा सके तो ग़नीमत है, वरना कुछ दिनों के लिए अस्पताल में दाख़िल होना पड़ेगा। अब आप और भी सावधानी से आगे बढ़े तो बीसवीं सीढ़ी पर आपका पैर न गिरकर सतह पर ही पड़ जाता है और आपका अन्दाज़ा चूक जाता है। ग़ौर से देखने पर आपने देखा यह सीढ़ी नहीं, चौड़ा फ़र्श है।

ख़तरनाक सीढ़ियाँ क्यों

अब सवाल यह है कि आख़िर बनारसवालों ने अपने मकान में, मन्दिर में, या अन्य जगह ऐसी ख़तरनाक सीढ़ियाँ क्यों बनवायीं? इसमें क्या तुक है? तो इसके लिए आपको ज़रा काशी का इतिहास उलटना पड़ेगा। बनारस जो पहले सारनाथ के पास था, खिसकते-खिसकते आज यहाँ आ गया है। यह कैसे खिसककर आ गया, यहाँ इस पर ग़ौर करना नहीं है। लेकिन बनारसवालों में एक ख़ास आदत है, वह यह कि वे अधिक फैलाव में बसना नहीं चाहते, फिर गंगा, विश्वनाथ मन्दिर और बाज़ार के निकट रहना चाहते हैं। जब भी चाहा दन से गंगा में गोता मारा और ऊपर घर चले आये। बाजार से सामान ख़रीदा, विश्वनाथ-दर्शन किया, चट घर के भीतर। फलस्वरूप गंगा के किनारे-किनारे घनी आबादी बसती गयी। जगह संकुचित, पर धूप खाने तथा गंगा की बहार लेने और पड़ोसियों की बराबरी में तीन-चार मंज़िल मकान बनाना भी ज़रूरी है। अगर सारी ज़मीन सीढ़ियाँ ही खा जाएँगी तो मकान में रहने की जगह कहाँ रहेगी? फलस्वरूप ऊँची-नीची जैसे पत्थर की पटिया मिली, फिट कर दी गयी—लीजिए भैयाजी की हवेली तैयार हो गयी। चूँकि बनारसी सीढ़ियों पर चढ़ने-उतरने के आदी हो गये हैं, इसलिए उनके लिए ये ख़तरनाक नहीं हैं, पर मेहमानों तथा बाहरी अतिथियों के लिए यह अवश्य हैं।

काशी के घाट

विश्व की आश्चर्यजनक वस्तुओं में बनारस के घाटों को क्यों नहीं शामिल किया

गया—पता नहीं, जब कि दो मील लम्बे पंक्तिवार घाट विश्व में किसी नदी-तट पर कहीं भी नहीं हैं। ये घाट केवल बाढ़ से बनारस की रक्षा नहीं करते, बल्कि काशी के प्रमुख आकर्षण केन्द्र हैं। जैन ग्रन्थों के अध्ययन से पता चलता है कि प्राचीन काल में काशी के घाटों के किनारे-किनारे चौड़ी सड़कें थीं, यहाँ बाज़ार लगते थे। वर्तमान घाटों की निर्माण-कला देखकर आज भी विदेशी इंजीनियर यह कहते हैं कि साधारण बुद्धि से इसे नहीं बनाया गया है। रामनगर, शिवाला, दशाश्वमेध, पंचगंगा और राजघाट का निर्माण पानी के तोड़ को दृष्टि में रखते हुए किया गया है ताकि रामनगर तट से धक्का खाकर शिवाला में नदी का पानी टकराये, फिर वहाँ से दशाश्वमेध से मोर्चा ले, पंचगंगा और अन्त में राजघाट से टक्कर ले और फिर सीधी राह जाए। अगर आपने इस कौशल की ओर ग़ौर नहीं किया तो कभी करके देख लें। इस कौशलपूर्ण निर्माण का एकमात्र श्रेय राजा बलवन्त सिंह को है, जिन्होंने अपने समकालीन राजाओं की सहायता से बनारस को बाढ़ों से मुक्ति दिला दी, अन्यथा अन्य शहरों की तरह बनारस को भी बाढ़ बहा ले जाती।

घाटों की सीढ़ियों की उपयोगिता

सीढ़ियों का दृश्य काशी के घाटों में ही देखने को मिलता है। चूँकि काशी नगरी गंगा की सतह से काफी ऊँचे धरातल पर बसी है इसलिए यहाँ सीढ़ियों की बस्ती है। काशी के घाटों को आपने देखा होगा, उन पर टहले भी होंगे। लेकिन क्या आप बता सकते हैं कि केदारघाट पर कितनी सीढ़ियाँ हैं? सिन्धिया घाट पर कितनी सीढ़ियाँ हैं? शिवाले से त्रिलोचन तक कितनी बुर्जियाँ हैं? साफा लगाने लायक कौन-सा घाट अच्छा है? आप कहेंगे कि यह बेकार का सरदर्द कौन मोल ले। लेकिन जनाब, हरिभजन से लेकर बीड़ी बनानेवालों की आम सभाएँ इन्हीं घाटों पर होती हैं। हज़ारों गुरुलोग इन घाटों पर साफा लगाते हैं, यहाँ कवि-सम्मेलन होते हैं, गोष्ठियाँ करते हैं, धर्मप्राण व्यक्ति सर्राटे से माला फेरते हैं, पंडे धोती की रखवाली करते हैं, तीर्थयात्री अपने चँदवे साफ करवाते हैं। यहाँ भिखमंगों की दुनिया आबाद रहती है और सबसे मज़ेदार बात यह है कि घर के उन निकलुओं को भी ये घाट अपने यहाँ शरण देते हैं जिनके दरवाज़े आधी रात को नहीं खुलते। ये घाट की सीढ़ियाँ बनारस का विश्रामगृह हैं, जहाँ सोने पर पुलिस चालान नहीं करेगी, नगरपालिका टैक्स नहीं लेगी और न कोई आपको छेड़ेगा। ऐसी हैं बनारस की सीढ़ियाँ।

बनारस की सुबह

बनारस की सुबह, इलाहाबाद की दोपहर, लखनऊ की शाम और बुन्देलखंड की रात सारे भारत में प्रसिद्ध है। कहा जाता है कि आत्महत्या के लिए उद्यत व्यक्ति को यदि सुबह बनारस में, दोपहर को इलाहाबाद में, शाम को लखनऊ में और रात को बुन्देलखंड में घुमाया जाए तो उसे अपने जीवन के प्रति अवश्य मोह उत्पन्न हो जाएगा और शायद उसमें कवित्व की भावना भी जागृत हो जाए। उत्तर प्रदेश के साहित्यिक गढ़ इसके प्रमाण हैं।

यदि आपने बनारस की सुबह नहीं देखी है तो कुछ नहीं देखा। बनारस का असली रूप यहाँ सुबह को ही देखने को मिलता है। अब सवाल यह है कि बनारस में सुबह होती कब है? अँग्रेज़ी सिद्धान्त के अनुसार या हिन्दू ज्योतिष के अनुसार, इसका निर्णय करना कठिन है। लगे हाथ उसका उदाहरण भी ले लीजिए। अपने राम पैदाइशी ही नहीं, ख़ानदानी बनारसी हैं, इस शहर की गलियों में नंगे होकर टहले हैं, छतों पर कनकौवे उड़ाये हैं, पान घुलाया है, भाँग छानी है और गहरेबाज़ी भी की है। लेकिन आजतक हम ख़ुद ही नहीं जान पाये कि बनारस की सुबह होती कब है?

दो-तीन वर्ष पहले की बात है, हम काशी के कुछ साहित्यिकों के साथ कवि सम्मेलन से लौट रहे थे। जाड़े की अँधियारी रात। बारह बज चुके थे। घाट किनारे नाव लगी। हमने आश्चर्य के साथ देखा—एक आदमी दातौन कर रहा था। जब यह पूछा गया कि इस समय दातौन करने का क्या तुक है, तब उसने एक बार आसमान की ओर देखा और फिर कहा, "सुकवा उगल बाय, अब भिनसार में कितना देर बाय।" अर्थात् शुक्र तारे का उदय हो गया है, अब सवेरा होने में देर ही कितनी है? इतना कहकर उसने कुल्ला किया और बम महादेव की आवाज़ लगाता हुआ डुबकी मार गया। यह दृश्य देखकर कोट-चादर के भीतर हमारे बदन काँप उठे।

सुबह के चार बजे से सारे शहर के मन्दिरों के देवता अँगड़ाई लेते हुए स्नान और जलपान की तैयारी में जुट जाते हैं। मन्दिरों में बजनेवाले घड़ियालों और घंटों की आवाज़ से सारा शहर गूँज उठता है। सड़क के फुटपाथों पर, दुकान की पटरियों पर सोयी हुई जीवित लाशें कुनमुना उठती हैं। फिर धीरे-धीरे बीमार तथा बूढ़े व्यक्ति—जिन्हें डॉक्टरों की ख़ास हिदायत है कि सुबह ज़रा टहला करें—सड़कों पर दिखाई देने लगते हैं। मकानों के वातायन से छात्रों के अस्पष्ट स्वर, गंगा जानेवाले स्नानार्थियों की भीड़ और गहरेबाज़ इक्कों और रिक्शों के कोलाहल में सारा शहर खो जाता है।

कंचनजंघा की सूर्योदय की छटा अगर आपने न देखी हो अथवा देखने की इच्छा हो तो आप बनारस अवश्य चले आइए। यह दृश्य आप काशी के घाटों के किनारे देख सकते हैं। मेढक की छतरियों जैसी घुटी हुई अनेक खोपड़ियाँ, जिन्हें देखकर चपतबाजी खेलने के लिए हाथ खुजलाने लगता है, नाइयों के पास लेटे हुए मालिश कराते हुए जवान पट्ठे, आठ-आठ घंटे स्पीड के साथ माला फेरते हुए भक्त, ध्यान में मग्न नाक दबाये भक्तिनें, कमंडल में अक्षत-फूल लिये संन्यासियों तथा स्नानार्थियों का समूह, अशुद्ध और अस्पष्ट मन्त्रों का पाठ करती दक्षिणा सँभालती हुई पंडों की जमात, साफा लगानेवाले नवयुवकों की भीड़ और बाबा भोलानाथ की शुभकामनाओं का टेलीग्राफ पहुँचाने वाले भिखमंगों की भीड़—सब कुछ आपको काशी के घाटों के किनारे सुबह देखने को मिलेगा।

मिर्ज़ा ग़ालिब की वकालत

अगर आपको मेरी बात का यक़ीन न हो तो नजमुद्दौला, दबीरुल्मुल्क, निज़ाम जंग मिर्ज़ा असदुल्ला बेग ख़ाँ उर्फ़ मिर्ज़ा ग़ालिब का बयान ले लीजिए—

त आलल्ला बनारस चश्मे बद दूर
बहिश्ते खुर्रमो फ़िरदौसे मामूर
इबातत ख़ानए नाकूसियाँ अस्त
हमाना कावए हिन्दोस्तां अस्त

[हे परमात्मा, बनारस को बुरी दृष्टि से दूर रखना क्योंकि यह आनन्दमय स्वर्ग है। यह घंटा बजानेवालों अर्थात् हिन्दुओं की पूजा का स्थान है यानी यही हिन्दुस्तान का क़ाबा है।]

बुतानशरा हयूला शोलए तूर
सरापा नूर, ऐज़द चश्म बद दूर
मिया हा नाज़ुको दिल हा तुवाना
जे नादानी बकारे ख्वशे दाना
तबस्सुम बस कि दर दिल हा तिबी ईस्त
दहन हा रश्के गुल हाए रबी ईस्त
जे अंगेजे क़द अन्दाज़े ख़रामे
ब पाये गुल बुने गुस्तरदः दामे

[यहाँ के बुतों अर्थात् मूर्तियों और बुतों अर्थात् सुन्दरियों की आत्मा तूर के पर्वत की ज्योति के समान है। वह सिर से पाँव तक ईश्वर का प्रकाश है। इन पर कुदृष्टि न पड़े। इनकी कमर तो कोमल है, किन्तु हृदय बलवान् है। यों इनमें सरलता है, किन्तु अपने काम में बहुत चतुर हैं। इनकी मुस्कान ऐसी है कि हृदय पर जादू का काम करती है। इनके मुखड़े इतने सुन्दर हैं कि रबी अर्थात् चैत के गुलाब को भी लजाते हैं। इनके शरीर की गति तथा आकर्षक कोमल चाल से ऐसा जान पड़ता है कि गुलाब के समान पाँव के फूलों का जाल बिछा देती हैं।]

ज ताबे जलवये ख़्वेश आतिश अफ़रोज़
बयाने बुतपरस्तो बरहमन सोज़
ब लुत्फ़े मौजे गौहर नर्म रू तर
ब नाज़ अज़ खूंने आशिक गर्म रू तर

[अपनी ज्योति से, जो अग्नि के समान प्रज्वलित है, यह बुतपरस्त तथा बरहमन की बोलने की शक्ति भस्म कर देती है अर्थात् यह इनका सौन्दर्य देखकर मूक हो जाते हैं। पानी में उनका विलास मोती की लहरों से भी नर्म और कोमल जान पड़ता है। पानी में स्नान करनेवाली जो अठखेलियाँ करती हैं, उनसे जो पानी के छींटे उठते हैं, उनकी ओर कवि का संकेत है। उनका नाज़ अर्थात् हास-विलास आशिक़ के ख़ून से भी गर्म है।]

व सामाने गुलिस्तां बर लबे गंग
ज़ ताबे रुख चिरागां वर लबे गंग
रसादः अज़ अदाए शुस्त व शूए
ब हर मौज़े नवेदे आबरूए

क़यामत क़ामतां, मिज़गां दराजां
ज़ मिज़गां बर सफ़े-दिल तीरः बाज़ां
ब मस्ती मौज रा फ़रमूदः आराम
ज़ नग़ज़े आब रा बख़्शिन्दा अन्दाम

[गंगा किनारे यह क्या आ गयीं, एक उद्यान आ गया है। इनके मुख के प्रकाश से गंगा के किनारे दीपावली का दृश्य हो गया है। उनके नहाने-धोने की अदा से प्रत्येक मौज को आबरू का आमन्त्रण मिलता है। इन सुन्दर डील-डौलवाली तथा बड़ी-बड़ी पलकोंवाली सुन्दरियों से क़यामत आती है। यह दिल की पंक्ति पर अपनी बड़ी बरौनियों से तीर चलाती हैं। अपनी मस्ती से इन्होंने गंगा की लहरों को शान्त कर दिया है। अपनी सुन्दरता से इन्होंने पानी को स्थिर कर दिया है।]

फ़तादः शौरिशे दर क़ालिबे आब
ज़ माही सद दिलश दर सीना बेताब
ज़ ताबे जलवा हा बेताब गश्तः
गोहर हा दर सदफ हा आव गश्तः
ज़ बस अर्ज़े तमन्ना मी कुनद गंग
ज़ मौजे आबहा वा मी कुनद गंग

[पुनः पानी के शरीर के अन्दर इन्होंने हलचल उत्पन्न कर दी और सीने में सैकड़ों दिल मछली के समान छटपटाने लगे। अपने सौन्दर्य की उष्णता से विकल होकर वह पानी में चली गयीं और ऐसा जान पड़ता है जैसे सीप में मोती हों। गंगा भी अपने हृदय की अभिलाषा प्रकट करती है और पानी की अपनी लहरों को खोल देती है कि आओ इसमें स्नान करो।]

बनारस की सुबह की तारीफ़ में मिर्ज़ा ग़ालिब का यह कलाम पेश करने के बाद यह ज़रूरी नहीं कि ऐरों-गैरों की भी गवाही पेश करूँ। गोकि एक शायर ने यह तक़रीर पेश की है कि सुबह के वक्त आसमान के सारे बादल बनारस की गंगा में डुबकी लगाकर पानी पीते हैं और फिर उसे सारे हिन्दुस्तान में ले जाकर बरसा देते हैं। उस शायर का नाम याद नहीं आ रहा है, इसके लिए मुझे दुःख है।

बनारसी निपटान

सुबह के समय पहले लोग प्रातःक्रिया से निवृत्त होते हैं, इस क्रिया को बनारसी शब्द में 'निपटान' कहते हैं। बनारस नगरपालिका की कृपा से अभी तक भारत

की सांस्कृतिक राजधानी और अनादिकाल की बनी नगरी में सभी जगह 'सीवर' नहीं गया है। भीतरी महाल में जाने पर भी वहाँ गर्मी की दोपहर को लाइट की ज़रूरत महसूस होती है। फलस्वरूप अधिकांश लोगों को बाहर जाकर निपटना पड़ता है। निपटान एक ऐसी क्रिया है जिसे बनारसी अपने दैनिक जीवन का सबसे बड़ा महत्त्वपूर्ण कार्य समझता है। बनारस से बाहर जाने पर उसे इसकी शिकायत बनी रहती है। एक बार काशी के एक प्रकांड पंडित सक्खर गये। वहाँ से लौटने पर सक्खर-यात्रा पर लेख लिखते हुए लिखा—"हवाई जहाज़ पर निपटान का दिव्य प्रबन्ध था।" कहने का मतलब यह कि हर बनारसी निपटान का काफ़ी शौक रखता है।

बनारस में एक ओर जहाँ मन्दिरों की घंटियों की आवाज़ें गूँजा करती हैं, वहीं सूर्योदय के पहले से ही बनारस की हर गली और सड़क पर 'लैऽल पोतनी मट्टी, गोपीगंज का बंडा, रामनगरी भंटा, जौनपुरी पियाज, पहाड़ी आलू, माघी मिर्चा, कन्धारी अनार, काबुली सेव और बम्बइया केला' की आवाज़ें गूँजा करती हैं। यहाँ भारत की प्रसिद्ध तरकारियाँ बिकती हैं, मेवे बिकते हैं, भले ही उनकी उपज बनारस के आस-पास तक न हो।

तीन लोक से न्यारी

बनारस में जो एक बार आया वह यहीं का हो गया। बनारस की मिट्टी में वह तासीर है कि जो यहाँ आकर बसा, वह 'रामनाम सत्य है' के 'मन्त्रोच्चार' में ही टलने की सोचेगा। यह सिफ़त यहाँ की आबोहवा में है और मस्ती भरी ज़िन्दगी में है। शायद इसीलिए शेख अली हजीं फरमा गये हैं—

"अज़ बनारस न रवम मअवदे आम अस्तईज।
हर बरहमन पेसरे लछमनो राम अस्तईज॥
परी रूख़ाने बनारस व सद करिश्मो रंग।
पथ परात्तिशे महादेव चूँ कुनन्द आरंग॥
व गंग गुस्ल कुनंद व बसंग या मालंद।
ज़हे शराफ़ते संग व ज़हे लताफ़ते गंग॥"

अर्थात्—"मैं बनारस से नहीं जाऊँगा, क्योंकि यह सबकी उपासना का स्थान है। यहाँ का प्रत्येक ब्राह्मण राम और लक्ष्मण है। यहाँ परियों जैसी सुन्दरियाँ सैकड़ों हाव-भाव के साथ महादेवजी की पूजा के लिए निकलती हैं। वे गंगा में स्नान करती हैं और पत्थर पर अपने पैर घिसती हैं। क्या ही उस पत्थर की सज्जनता है और क्या ही गंगाजी की पवित्रता।"

आज भी किसी बनारसी से आप यह सवाल पूछें कि आख़िर बनारस में ऐसी कौन-सी सिफ़त है जिससे तुम्हें इतनी मुहब्बत है तो वह यही कहेगा कि हिन्दुस्तान में तमाम बातें मिल सकती हैं, पर बनारस जैसी अलमस्ती और बनारसियों जैसा अपनत्व नहीं मिलेगा, फिर 'बहरी अलंग' की बहार के लिए तो देवताओं तक की जिह्वा से तरलता छूटती है!—जी जनाब, ऐसा है अपना बनारस!

बहरी अलंग क्या है?

बहरी अलंग वह 'स्वर्ग' है जहाँ जाने पर वह भावनाएँ उत्पन्न होती हैं जो हिलेरी के मन में एवरेस्ट पर पैर रखते वक्त उत्पन्न हुई थीं। इसका यह अर्थ नहीं कि बनारसी लोग वैराग्य की साधना के लिए वहाँ जाते हैं, नहीं, वे तो पूरी पलटन रेज़गारियों (बच्चों) के साथ जीवन का आनन्द लेने के लिए जाते हैं।

अजगर करे न चाकरी, पंछी करे न काम।
दास मलूका कह गये, सबके दाता राम॥

इस सिद्धान्त का पालन प्रत्येक बनारसी करता है। भले ही घर में चूहे डंड पेलते हों, पर बहरी अलंग जाने का निश्चय खंडित नहीं हो सकता। हड़ताल हो या मार्शल-लॉ, राजा मरे या रानी, अगर उस दिन किसी कारणवश दफ़्तर या दुकान बन्द है तो बैठे-ठाले वह सीधे बहरी अलंग जाने का प्रोग्राम बनाएगा। जिस प्रकार रोज़गारियों को सफ़र करते समय भी घाटा-मुनाफ़ा जोड़ने की झक सवार रहती है, नेताओं को हर बात में राजनीति घुसेड़ने की सनक सवार रहती है, ठीक उसी प्रकार हर खाँटी बनारसी को बहरी अलंग जाने की धुन सवार रहती है। सच पूछिए तो बहरी अलंग न तो कोई तीर्थस्थल है और न म्यूज़ियम, वहाँ न तो कोई सरकारी अतिथिशाला है और न दर्शनीय स्थल। वह है केवल बनारसियों के मौज-पानी लेने का दिव्य स्थल। यहाँ गुरु लोग ज़रा स्वच्छन्द होकर विचरण करते हैं।

बहरी अलंग उन्हीं क्षेत्रों को कहा जाता है जहाँ पक्का तालाब हो और उस तालाब में चौरस पत्थर के घाट हों, जिस पर प्रेम से साफा लगाया जा सके। अगर तालाब नहीं है तो फर्स्ट क्लास का कुआँ हो, आस-पास घने वृक्ष हों। निपटने लायक लम्बा-चौड़ा मैदान हो जो अत्यन्त स्वच्छ हो, वरना भाई लोगों की ठीक वैसी ही मुद्रा हो जाती है जैसी अफीमची की इमली देखकर हो जाती है।

बनारसी निपटने के अत्यन्त प्रेमी होते हैं। भोजन चाहे जैसा मिले, सोने की जगह कंडम हो, पर निपटने का स्थान दिव्य होना चाहिए। साफा लगाने लायक चौरस भूमि चाहिए। अगर उसे इन दोनों स्थानों की कमी अखरी तो वह बराबर असन्तुष्ट रहेगा। भले ही उसे मीलों का चक्कर लगाना पड़े, पर उसे दिव्य स्थान चाहिए। यही वजह है कि बनारसी लोग जब बनारस के बाहर जाते हैं तब निपटने-नहाने के दिव्य स्थान ही तजवीज़ते हैं।

मुख्य कार्यक्रम

सारनाथ, रामनगर के अलावा और जितने बहरी अलंग के क्षेत्र हैं, वहाँ पलटन लेकर लोग नहीं जाते। वहाँ केवल नेमी लोग जाते हैं। कुछ लोग गहरेबाज़ पर जाते हैं और कुछ दौड़ लगाकर। जिस प्रकार किसी-किसी संस्था के सदस्य एक ख़ास किस्म की पोशाक पहनते हैं, ठीक उसी प्रकार बहरी अलंग के प्रेमी भी सेनगुप्ता की धोती, गावटी का गमछा, लँगोट या बिश्टी और वृन्दावनी दुपट्टे का प्रयोग करते हैं। धोती-दुपट्टा न रहे तो कोई हर्ज नहीं, पर गमछा और लंगोट का रहना ज़रूरी है। आवश्यक सामानों में लोटा, बाल्टी, डोरी, लोढ़ा (सिल वहाँ मिल ही जाती है), साबुन की बट्टी, तेल की शीशी और विजया का पैकेट प्रत्येक प्रेमी अपने साथ रखता है।

बहरी अलंग पहुँचते ही लँगोट के अतिरिक्त नंग-धड़ंग होकर पहले भाँग को ख़ूब साफ़ कर बूटी तैयार कर ली जाती है। बूटी छानने के पश्चात् नटई तक (आकंठ) पानी पीकर हँड़िया या बाल्टी लेकर लोग निपटने जाते हैं। उनके निपटने की क्रिया अध्ययन करने योग्य है। घंटा-आधा-घंटा निपटना साधारण बात है। कुछ ऐसे भी लोग हैं जो कई घंटे तक निपटते ही रह जाते हैं।

निपट चुकने के बाद एक-दूसरे की मालिश तब तक करते रहेंगे जब तक बदन का टेम्परेचर सौ डिग्री से ऊपर न पहुँच जाए। इसके बाद स्नान करते हैं और तब हजार-पन्द्रह सौ डंड-बैठक करते हैं। अगर गदा जोड़ी खाली मिली तो उस पर भी रियाज़ कर लेना अच्छा समझते हैं। अगर ये साधन खाली न मिलें तो तब तक 'बाँह' करते रह जाएँगे जब तक वह खाली न हो जाए।

जिस प्रकार हम एक ही प्रकार का भोजन नित्य खाते-खाते ऊब जाते हैं तब एक दिन सरस भोजन खाने की इच्छा होती है, ठीक उसी प्रकार वर्ष में दो बार निश्चित रूप से हर बनारसी अपने परिवार को लेकर सारनाथ और रामनगर अवश्य जाता है। इन दोनों स्थानों के मेले देखने योग्य होते हैं। परिवार के साथ रहने पर भी गुरुओं के कार्यक्रम में कोई बाधा उपस्थित नहीं होती। उसी तरह से भाँग छानते हैं, साफा लगाते हैं और नहाते-निपटते हैं। यहाँ सब काम से खाली होने पर बाटी, चूरमा, दाल, भात और फर्स्ट क्लास की तरकारी खाते हैं। भोजन का यह मजा दिल्ली के अशोक होटल में और बम्बई के ताजमहल में भी दुर्लभ है।

दंगल के प्रेमी

बहरी अलंग का ही ऐसा प्रभाव है कि बनारस में आए दिन दंगल की प्रतियोगिता

होती है। नागपंचमी का पर्व भारत में चाहे जिस ढंग से मनाया जाता हो, पर यहाँ छोटे गुरु-बड़े गुरु के रूप में पूजा करते हुए सम्पूर्ण बनारस में दंगल प्रतियोगिता की जाती है।

बनारस में आज दंगल की प्रतियोगिता केवल पट्ठों के बीच ही नहीं, जानवरों में भी व्याप्त है। आए दिन सड़कों पर साँड़ गरजते हुए लड़ते हैं। भैंस, मेढ़ा और पक्षियों का अनोखा दंगल प्रत्येक वर्ष जाड़े में अवश्य होता है। बुलबुल, तीतर और बटेर का भी युद्ध होता है। मकर-संक्रान्ति का पर्व पक्षियों के दंगल का ख़ास दिन है। लोग अपने-अपने पक्षियों का दंगल उस दिन अवश्य कराते हैं। यह दंगल केवल दंगल के लिए नहीं, बाज़ी लगाकर किये जाते हैं। बनारस ही एक ऐसा नगर है जहाँ इस प्रकार का आयोजन होता है। कजली-विरहा और चनाज़ोर वालों का, शायरी का दंगल गर्मी के मौसम में होता है। फैन्सी ड्रेस का दंगल तो यहाँ प्रत्येक मेले में देखा जा सकता है।

बहरी अलंग का वास्तविक अर्थ विश्वकोष में क्या है, पता नहीं लेकिन बहरी अलंग की मिट्टी में वह बहार है जो बम्बई की चौपाटी में नहीं, धर्मतल्ला की ब्यूटी में नहीं और न कनाट सरकस की नफ़ासत में है! बनारसियों को अपने इस क्षेत्र पर जितना गर्व है, उतना अपने नगर के प्रति नहीं है। बनारस और बनारसियों का असली रूप देखना हो तो बहरी अलंग अवश्य देखिए। बिना बहरी अलंग देखे आप यह कभी नहीं जान पाइएगा कि बनारसियों को अपने बनारस से इतनी मुहब्बत क्यों है। बहरी अलंग केवल दिल बहलाव का क्षेत्र नहीं, बल्कि अध्यात्म और साधना का क्षेत्र भी है।

बनारस के बड़े-बूढ़ों को जब रंग जमाना होता है तब वे बहरी अलंग के कितने प्रेमी थे, इसका उदाहरण पेश करते हुए कहते हैं—"जेतना इंडिया निपट के फेंक देहले होब, ओतना तोहार बापौ न देखले होइयन।" बहरी अलंग में जब लोग निपटने जाते हैं तब आबदस्त के लिए मिट्टी की हँड़िया में पानी ले जाते हैं।

तीन लोक से न्यारेपन का सर्टिफिकेट दिलाने में, 'बहरी अलंग' का महत्त्वपूर्ण योग रहा है। मर्त्यलोक को मारिये गोली, स्वर्ग तक में बनारस के 'बहरी अलंग' की मिसाल नहीं। हमारी सरकार, आधुनिकता और प्लानों के जोश में बहुत-से ऐसे स्थानों को 'भीतरी' यानी शहरी रंग दे रही है—बनारसियों के समक्ष निस्सन्देह एक कठिन समस्या है यह!

बनारसी के लिए 'बहरी अलंग' का सर्वोपरि महत्त्व है।

बनारसी

इलाहाबादी, मुरादाबादी और बनारसी आदि शब्दों के आगे-पीछे यदि अमरूद, लोटा, लँगड़ा आम जैसे शब्द न जोड़े जाएँ तो इसका अर्थ होगा—इन शहरों के निवासी। उत्तर प्रदेश एक ऐसा राज्य है जहाँ के शहरों के नाम के पीछे 'ई' लगा देने से उसका अर्थ वहाँ के निवासी से हो जाता है जैसे बनारसी, मलीहाबादी, आजमगढ़ी, सहारनपुरी, गोरखपुरी, रामपुरी, इलाहाबादी, मिरजापुरी और फ़र्रुखाबादी आदि। किसी शहर में बस जाने का यह मतलब नहीं कि उस व्यक्ति को उस शहर का निवासी मान लिया जाए। अक्सर आपने लोगों को कहते सुना होगा—'भाई, गाँव जाना है।' 'देश में बहिन की शादी है' 'घर पर हालत ठीक नहीं, रुपये भेजने हैं' आदि। इससे यह स्पष्ट है कि वह व्यक्ति मौजूदा समय जहाँ है, उसे अपना शहर नहीं मानता और न वहाँ का रजिस्टर्ड बाशिन्दा हो गया है—इसे स्वीकार करता है, रोजी-रोज़गार के लिए टिका हुआ है। भले ही वह बाहर जाकर अपने को उस शहर का निवासी घोषित करे, लेकिन मन, वचन और कर्म से वह उस शहर का निवासी नहीं है। ठीक इसी प्रकार बनारस में रहनेवाले सभी बनारसी नहीं हैं।

बनारसी कौन?

आख़िर असली बनारसी है कौन? उनकी पहचान क्या है? पहले आपको यह जान लेना चाहिए कि बनारसी कहना किसे चाहिए। बनारस में पैदा होने या पैदा होकर मर जाने से बनारसी कहलाने का हक़ हासिल नहीं होता। इस प्रकार के अनेक बनारसी नित्य पैदा होते हैं और मरते हैं। क्या वे सभी बनारसी हैं? कभी नहीं। बनारस में पैदा होना, बनारस में आकर बस जाना या बनारसी बोली सीख लेना भी बनारसी होने का पक्का सबूत नहीं है। हिन्दुस्तान को इस बात का फ़ख़्र है

कि उसके कुछ शहर ऐसे हैं (और उनमें बनारस का महत्त्व सर्वोपरि है) जहाँ के निवासियों की अदा अपनी है। दूसरों का उसमें मिल सकना उतना ही कठिन है जितना तेल का पानी में मिलना। आप कुछ ही दिन के अभ्यास से लन्दनवी, न्यूयार्की, बम्बईया या कलकतिया भले ही बन जाएँ, परन्तु बनारसी बन सकना कठिन होगा। प्रसंगवश एक घटना याद आ गयी। हिन्दी के एक (अपने को धाकड़ कहनेवाले) लेखक कुछ ही महीने के लिए कलकत्ते से आकर बनारस में टिक गये। उन्होंने आव देखा न ताव, चटपट एक कहानी बनारस की 'रियल' अलमस्ती को आधार बनाकर लिख डाली। परिणाम वही निकला जो सूरज पर थूकने से निकलता है। ऐसे ही 'डालडा ब्रांड' बनारसियों का वर्ग आज समूचे भारत में बनारस को बदनाम कर रहा है। बनारस के बाहर बनारसी को इतना ख़तरनाक समझा जाता है कि कोई भी शरीफ़ आदमी उसे अपने यहाँ नौकर नहीं रखना चाहता। लेकिन इस अपवाद को स्वीकार करने के पहले इस बात को दिमाग़ में फिट कर लीजिए कि असली बनारसी बनारस के बाहर जाकर रहना पसन्द नहीं करता। यदि उसे काफ़ी इज़्ज़तदार नौकरी मिले तो शायद चला भी जाए लेकिन उसका मन बनारस में ही अटका रहेगा।

बम्बई, कलकत्ता, कानपुर, दिल्ली और पटना आदि नगरों में रहते हुए जो लोग अपने को बनारसी कहते हैं, उनसे अगर कभी वह पूछें कि आप बनारस के किस मुहल्ले में रहते हैं तो कहेंगे—'मेरा घर देहात में है।' फिर ऐसे गाँव का नाम बताएँगे जिसका नाम आपने कभी न सुना होगा। लगभग सारे भारत में एक बड़ा वर्ग पानवालों का है जो 'बनारसी पानवाला' का साईनबोर्ड लगाकर कमा-खा रहे हैं। गोया बनारस से जो बाहर जाते हैं, सभी पनवाड़ी होते हैं अथवा बनारस में पनवाड़ियों का कोई विश्वविद्यालय है जहाँ पनवाड़ी की डिग्री दी जाती है, जिसे लेकर लोग बनारस का नाम रौशन करने के लिए बैठ गये हैं। झूठ तो नहीं कहना चाहता, पर लगभग सारे देश में 'टहरान' दे चुकने के बाद मुझे यह अनुभव हो गया कि बनारस के अलावा अन्य शहरों में जितने बनारसी पानवाले हैं, उनमें अधिकतर 'नान-रियल' हैं। यदि आपको विश्वास न हो तो—'बनारस में कवने महल्ला में घर हवऽ, केतना दिन से इहाँ हउवऽ?' पूछें तो स्वयं ही स्पष्ट हो जाएगा। जब दो बंगाली, मद्रासी या गुजराती आपस में मिलते हैं तब अपनी भाषा में ही बातचीत करते हैं। उसी प्रकार परदेस में जब अपने शहर का निवासी मिल जाता है तब बड़ी प्रसन्नता होती है। लेकिन हज़रत बनारसी भाषा की सड़क पर अड़ियल टट्टू ही सिद्ध होते हैं। फिर, 'अपना घर देहात में है' बताएँगे ताकि आगे

आप और सवाल न पूछ सकें। अगर वह अपने को इस पर भी बनारसी कहे तो उसके पान लगाने के ढंग से आप अच्छी तरह समझ जाएँगे कि ये हज़रत बनारस के उस गाँव के निवासी भी नहीं हैं। महज़ अपनी साख जमाने के लिए 'बनारसी पानवाला' बने हुए हैं।

मर्त्यलोक ही नहीं, त्रैलोक्य को पान (ताम्बूल) के मैदान में बनारस आसानी से चित्त कर सकता है। बनारसी पान का वही महत्त्व समझना चाहिए, जो समुद्र-मन्थन के सार अमृत का है। खाँटी बनारसी भोजन भले ही रोक ले, परन्तु पान का वियोग वह सह नहीं पाएगा। बनारस में ऐसे लोगों की कमी नहीं, जिनके 'पान का खर्च' किसी भी परिवार के 'घर-खर्च' से उन्नीस ठहरता हो। बनारसी पान के मुख पर दूसरे शहरों में पैसा बटोरकर तारकोल लगानेवालों के लिए अगर वाजिब सज़ा का अधिकार बनारसी को मिल जाए तो वह क्या तजवीज़ेगा, इसे कोई बनारसी ही सोच सकता है।

दिल्ली के चाटवाले, आगरे के लच्छेवाले, मथुरा के पेड़ेवाले जिस प्रकार हर शहर में पाये जाते हैं, ठीक उसी प्रकार लखनऊ, बरेली और आगरा में कुछ खोमचेवाले अपने को बनारसी खोमचावाला कहते हैं। वे गुड़ की पट्टी, सोहन पापड़ी और तिल के लड्डू बेचते हैं। ऐसी थर्डग्रेडी वस्तुओं का कोई ख़ास महत्त्व बनारस में नहीं परन्तु बनारस के नाम पर दूसरे शहर में कमाई का अच्छा साधन तो है ही।

तीसरा ग्रुप है—साड़ीवालों का। कुछ लोग अपने को बनारसी साड़ीवाला का नाम देकर बाहर अच्छा रोज़गार जमाये हुए हैं। साफ़-साफ़ यह नहीं कहेंगे कि बनारस में ठिकाना नहीं लगा अथवा अन्य जगहों की साड़ी की पूछ नहीं है और बनारसी साड़ी के नाम पर अच्छा पैसा मिल जाता है, इसलिए यह रूप धारण किया है। ऐसे लोग सिर्फ़ बनारस से साड़ी मँगाकर बेचते हैं। असली बनारसी कारीगर बनारस के बाहर कभी नहीं जाता। गत कई वर्षों में, भारत के बँटवारे के बाद, कुछ लोग पाकिस्तान तक टहल आये और फिर वापस आकर बस गये। इसलिए नहीं कि वहाँ कारीगरों की पूछ नहीं हुई, बल्कि इसलिए कि बनारस के बाहर उनकी कला की क़ीमत आँकनेवाला कोई मिलता नहीं। बनारस में रहकर वे यहाँ ग़रीबी और मुँहताजी भले ही स्वीकार कर लेंगे लेकिन पाकिस्तान की बादशाहत उन्हें स्वीकार नहीं। एक बार बनारसी साड़ी के कलाकारों को भूखों मरने की बारी आयी तो वे वरुणा नदी के पास जाकर इबादत करते रहे कि इस पीड़ा को दूर किया जाए। यदि उन्हें बनारस से मुहब्बत न होती तो कहीं भी जाकर अपना

कारोबार कर सकते थे। जहाँ हज़ारों नकली बनारसी कमा-खा रहे हैं, वहाँ कुछ असली बनारसी कारीगर कमा-खा सकते थे, लेकिन उन्हें यह पसन्द नहीं था कि जिस शहर में वे पनपे, इज़्ज़त कमाई और कलाकार बने, उस शहर की मुहब्बत को कुछ तकलीफ़ों की वजह से छोड़ देते। यही वजह है, आज भी लाख मुसीबत झेलते हुए वे बनारस में पड़े हुए हैं। इन्हीं की वजह से बनारसी साड़ियों का नाम सारे संसार में रौशन है।

चौथा ग्रुप सुर्तीवालों का है। भारत के छोटे-बड़े शहरों में बनारसी ज़र्दा के एकमात्र विक्रेता बन बैठे हैं। माना कि यह प्रचार का युग है—रोज़गार है, लेकिन एक बनारसी सुर्ती विक्रेता अपनी दुकान पर अन्य घासलेटी सुर्ती बेचना पसन्द नहीं करेगा, लेकिन कई शहरों में बनारसी ज़र्दा के नाम पर अन्य सुर्तियाँ भी बेची जाती हैं। जिस प्रकार बी.एस.सी. कम्पनी का साइनबोर्ड लगाये जूते के दुकानदार बाटा कम्पनी के जूतों के अलावा अन्य कम्पनियों के चालू जूते भी बेचा करते हैं, ठीक उसी प्रकार ऐसे बनारसी सुर्तीवाले भी कई शहरों में कमा-खा रहे हैं। अब अगर उस शहर में बनारसी ज़र्दे की खपत नहीं है तो बनारस को क्यों बदनाम करते हैं? इससे अच्छा होगा कि आप यह साईनबोर्ड टाँग दें कि 'यहाँ बनारसी ज़र्दा भी बिकता है।' जिसे बनारसी ज़र्दे का चस्का होगा स्वयं खरीदकर खाएगा।

बनारस का लेबिल लगाकर अगर किसी चीज़ पर सबसे अधिक घपला होता है तो वह है—'लँगड़ा आम'। बनारस का लँगड़ा आम—नाम सुनकर देश ही नहीं; विदेशों में भी लोगों की जिह्वा पर 'मुखरस गंगा' लहर उठती है। यही कारण है कि लँगड़ा आम बनारस में, वर्ष में अधिक-से-अधिक दस-पन्द्रह दिन दिखाई पड़ता है। भाई लोग लँगड़े आम के मामले में स्वयं बनारसियों को ही आसानी से धोखा देते हैं।

कहने का मतलब यह है कि इस प्रकार लोग बाहर जाकर अपने को बनारसी कहते हैं। क्या ऐसे लोग बनारसी हैं? 'कत्तई' नहीं। यह तो बनारस के नाम का प्रताप है कि लोग कमा-खा रहे हैं।

बनारस के बनारसी

अधिक दूर क्यों, खास बनारस में रहनेवाले सभी बाशिन्दे बनारसी नहीं हैं। इसमें कितने नकली हैं और कितने असली—इस भेद को जानने के पहले ज़रा और पीछे चलना पड़ेगा। काशी के इतिहास से यह ज्ञात होता है कि पूर्वकाल में काशी की अधिकांश भूमि जंगलों से आवृत थी। अत्यन्त पवित्र तथा तीर्थभूमि रहने के कारण

अधिकतर ब्राह्मण रहते थे। ब्राह्मणों के बाद जनसंख्या की दृष्टि से अहीरों का दूसरा नम्बर था। इन लोगों की सेवा के लिए कुछ शूद्र भी रहते थे। इन तीनों जातियों के अलावा अन्य कोई जाति नहीं थी। 'मुक्ति-क्षेत्र' होने के कारण पहले लोग अन्तिम काल के समय यहाँ आते थे। पहले यह प्रथा थी कि घर कोई व्यक्ति जो बीमारी से या अन्य किसी कारणवश मरणासन्न हो जाता था उसे गंगायात्री मानकर काशी ले जाते थे। ऐसे लोग श्मशान में असहाय अवस्था में तब तक पड़े रहते थे जब तक इस दुनिया से सफ़र न कर जाएँ। उनके मरने के बाद ही उनके साथ आये व्यक्ति, उनके घर वापस जाते थे। कभी-कभी श्मशान की शुद्ध हवा पीकर जब मरणासन्न व्यक्ति में स्वस्थ होने के लक्षण दिखाई देने लगते थे तब साथ आये व्यक्ति उसका गला घोंट देते थे। कभी-कभी उसे असहाय अवस्था में छोड़कर चल देते थे। ऐसे व्यक्ति जब स्वस्थ हो जाते तब पुनः अपने कुनबे में वापस नहीं जा पाते थे। अपने परिवार में वे मृत मान लिये जाते थे। गंगायात्री व्यक्ति को यह अधिकार नहीं था कि वह पुनः अपने गाँव वापस जाय। कभी-कभी साथ आए व्यक्ति मरणासन्न व्यक्ति से अधिक प्रेम रखने के कारण उनके साथ यहाँ रह जाते थे। इस प्रकार गंगायात्री और उनके परिवार के लोगों से काशी की आबादी बढ़ती गयी। फिर धीरे-धीरे हर वर्ग के लोग यहाँ आकर बसते गये।

इसके बाद आया यहाँ संन्यासियों का जत्था। गंगायात्री वाले यहाँ आकर ब्राह्मणों को दान-दक्षिणा देते, उनकी कथा सुनते और अन्तकाल में मर जाते थे। उनकी दक्षिणा का रेट बड़ा 'हाई' था। कुछ लोगों ने देखा—गंगायात्रियों की सारी रकम धर्म के नाम पर ये ब्राह्मण हज़म किये जो रहे हैं तो उन्होंने यह धन्धा शुरू किया। वे भी घर-घर जाकर मधुकरी लेने लगे। उन्होंने यजमानों की सुविधा के लिए यह शर्त रखी—हम दक्षिणा नहीं लेंगे, सिर्फ भोजन लेंगे। अग्नि नहीं छुएँगे, सिला हुआ कपड़ा नहीं पहनेंगे। ब्राह्मणों का पत्ता काटने के लिए इनका एक समुदाय बन गया।

बनारस का प्रायः हर व्यक्ति दार्शनिक है। अगर एक चांडाल शंकराचार्य को ज्ञान का उपदेश दे सकता है तो यहाँ का पंडित क्या नहीं कर सकता? यहाँ के लोग कितने पहुँचे हुए सन्त हैं, इसका अन्दाज़ा यहाँ गर्मियों के मौसम में देखा जा सकता है। शहर के हर क्षेत्र में बड़े-बड़े दार्शनिक टहलते हुए नज़र आते हैं। दर्शन के गूढ़ रहस्यों की व्याख्या खुलेआम करते हैं। अब उससे लाभ उठाना न उठाना आपका कर्तव्य है। कुछ लोग इन दार्शनिकों को 'पागल' कहते हैं। यदि ये सचमुच पागल हैं तो क्यों नहीं सरकार इन्हें पागलख़ाने भेज देती। सरकार इस

बात को जानती है कि ये पागल नहीं है—सबके सब पहुँचे हुए सन्त हैं। गीता, रामायण, महाभारत, कुरान और बाइबिल के अनेक उपदेश बकते रहते हैं।

इसके बाद एक फौज आयी—विधवाओं की। जहाँ घर में नयी बहू आयी और उससे सास की पटरी नहीं बैठी, बस चली आयी काशीवास करने। फिर जब तक उनकी अर्थी नहीं उठेगी—जाने का नाम नहीं लेतीं। सिर्फ़ प्रौढ़ा विधवाएँ आतीं तो ग़नीमत थी। इनके साथ कुछ ऐसी महिलाएँ भी आयीं जो विधवा नहीं थीं। अगर भरी जवानी में किसी विधवा, सधवा या कुमारी महिला ने ग़लत क़दम रखा तो अपनी नाक बचाने की गरज़ से परिवार के लोग ग्रहण के मौक़े पर या तीर्थयात्रा के नाम पर काशी में लाकर उन्हें छोड़ देते थे अर्थात् इन महिलाओं के लिए बनारस अंडमान-निकोबार द्वीप बन गया। इस प्रकार की कहानियों की कमी हिन्दी-साहित्य में नहीं है। यदि उनका संस्करण बन्द न हो गया हो तो आज भी पढ़ सकते हैं।

चौथी फौज उन लोगों की आयी जो जिन्दगी-भर दूसरों को सताते रहे, जरायम पेशा करते रहे और अन्तिम काल में रिटायर्ड होते ही बनारस में आकर बस गये, ताकि गंगास्नान और विश्वनाथ दर्शन से सारे पाप धुल जायँ। बनारस क्या हो गया, मुक्तिदान का कार्यालय हो गया। मज़ा यह कि ऐसे लोग भी अपने को पक्का बनारसी कहते हैं।

अन्तिम दल उन लोगों का आया जो नौकरी और रोज़गार के सिलसिले में आकर बनारस में बस गये। ऐसे लोग भी बड़े गर्व से अपने को बनारसी कहते हैं। अभी जुमा-जुमा आठ रोज़ हुए आपको आये, दूध के दाँत भी नहीं गिरे अर्थात् न अच्छी तरह आपने बनारस छाना, लेकिन अपने को पक्का बनारसी समझने लगे। ऐसे लोग महीने में दस ख़त, एक मनीआर्डर अपने गाँव भेजते हैं और स्वयं एक बार साल में वहाँ का चक्कर काट आते हैं। कुछ लोग ऐसे भी हैं जो बनारस में रहते हुए भी बनारस को 'कंडम', 'गदाई' और 'लोफ़रों का शहर' कहते फिरेंगे। ऐसे लोगों में उनकी ही संख्या अधिक है जिन्हें 'बनारसी' बनने के प्रयत्न में मुँह की खानी पड़ी है। बेचारों को खिसियानी बिल्ली की तरह खम्बा नोंचते देखकर सच्चे बनारसियों के मुख से सहानुभूति के शब्द निकल जाते हैं—'बउरायल हौ।'

हज़रत रहते हैं बनारस में, लेकिन अख़बार पढ़ेंगे कलकत्ता, पटना, अमृतसर, दिल्ली और नागपुर के। उनका बनारस के समाचार से कोई ताल्लुक नहीं। इससे साफ़ स्पष्ट है कि ऐसे लोग बनारस को अपना नहीं समझते।

अब आप ही सोचिए, क्या ऐसे लोग बनारसी हैं? क्या इनमें कभी बनारसी

पन आ सकता है? जब यही लोग तीन–चार पुश्त रह जाएँगे और इनकी औलादों में बनारसी हवा का असर हो जाएगा तब वे गर्व से अपने को बनारसी कहने लगेंगे—फिर भी रहेंगे अधकचरे ही।

असली बनारसी

एक बनारसी जो सही मायने में बनारसी है, जिसके सीने में एक धड़कता हुआ दिल है और उस दिल में बनारसी होने का गर्व है, वह कभी बनारस के विरुद्ध कुछ सुनना या कहना पसन्द नहीं करेगा। यदि वह आपसे तगड़ा है तो ज़रूर इसका जवाब देगा, अगर कमज़ोर हुआ तो गालियों से सत्कार करने में पीछे न रहेगा। बनारस के नाम पर कलंक का धब्बा लगे ऐसा कार्य कोई भी बनारसी स्वप्न में भी नहीं कर सकता। जिसे अपने बनारस पर नाज़ है, बनारस के अलावा अन्य जगह जिसे 'गदाई' लगती है, जो बनारस के बाहर जाकर बेचैन रहता है, भले उसे वहाँ स्वर्गीय सुख प्राप्त हो, पर हमेशा तकलीफ़ महसूस करता रहे—वही असली बनारसी है।

अगर वह घर के भीतर गावटी का गमछा पहनकर नंगे बदन रहता है तो वह उसी तरह गंगास्नान या विश्वनाथ दर्शन भी कर सकता है। उसके लिए यह ज़रूरी नहीं कि घर में फटी लुंगी या निकर पहनकर रहे और बाहर निकले तो कोट–पतलून पहने। दिखावा तो उसे पसन्द नहीं। लेकिन इसका अर्थ यह नहीं कि वह दरिद्र है या कपड़ों का उसे शौक़ नहीं। वह कपड़ों का या सफाई का कितना शौकीन है, इसका अन्दाज़ा घाट पर और उसके घर पर लग सकता है।

आजकल बड़े शहरों में लोग घर पर मेहमान आ जाने से चिढ़ जाते हैं, पर बनारसी चिढ़ता नहीं। उसके लिए मेहमान भगवान से कम नहीं होता। वह क्या करे, कौन–सी निधियाँ लाकर इकट्ठी कर दे कि मेहमान प्रसन्न हो उठे—भरसक यही प्रयत्न कराता है। मेहमानों के स्वागत में वह पलकों के पाँवड़े बिछा देता है। चलते–चलते वह मेहमान को पूरे बनारस से परिचित ही नहीं कराता बल्कि कुछ ऐसे मधुर संस्मरण भी दे देता है कि मेहमान का हृदय आनन्द से गद्‌गद हो उठता है। फिर शायद ही वह बनारस के प्रवास को भूल सके। लेकिन यह याद रखें कि बनारस की संस्कृति अपनी है। एक बनारसी आपको जिस कदर रखना चाहे, उसी प्रकार रहें, तभी वह आपका सम्मान हृदय से करेगा।

मस्त रहना बनारसियों का सबसे बड़ा गुण है। इस हाइड्रोजन बम के युग में जब कि चारों तरफ हाय–हाय मची हुई है, मार्क्सवाद–डालरवाद का झगड़ा

चल रहा है, ऐसे समय में भी बनारसी लोग अपनी मस्ती से अलग रहना पसन्द नहीं करते। हड़ताल हो या तूफान आये, पर बनारसी दैनिक कर्मों में व्यवधान नहीं आने देता। गैवी पर गहरी छनती है, उस पार दिव्य निपटान के बाद स्नान करते हैं, तब जाकर उनकी काया तृप्त होती है। बनारसियों में सबसे बड़ा गुण है—आत्मीयता। यदि आप परदेसी हैं, रास्ता भूल गये हैं तो आपको वह सही रास्ता ही नहीं बताएगा, बल्कि खाली रहने पर मंज़िले-मक़सूद तक पहुँचा देगा। ऐसी आत्मीयता अन्यत्र दुर्लभ है।

बनारसी स्वभाव का बहुत उदार और विशाल हृदयवाला होता है। भगवान शंकर के नागरिकों को गरीबी भले ही मिली हो, पर उन्हें सन्तोष का गुण सबसे अधिक मिला है। वह जो कुछ करेगा या कहेगा दिल खोलकर, चाहे आपको बुरा लगे या भला। ज़रूरत पड़ने पर वह दस-बीस से मोर्चा ले सकता है, मैदान में दो-तीन लाशें गिरा सकता है। अपनी आन और शान के लिए प्राणों की बाजी लगा देना उसके लिए मामूली बात है। एक ओर वह मक्खन की तरह नरम है तो दूसरी ओर पत्थर की तरह सख़्त। जब एक बनारसी यह कहे—'इ बनारस हव, धुर्री बिगाड़ देब' या 'जानलऽ बनारस कऽ रहेवाला हई' तब यह समझ लीजिएगा कि अब इससे छेड़खानी करना कल्याणकर नहीं।

बनारसियों के दिल में इस बात की बड़ी कसक रहती है कि बड़े-बड़े विदेशी नेता जब कभी बनारस आते हैं तब इतना पर्दानशीन होकर चलते हैं जैसे मुग़लकाल में बेगमें जाती थीं। बनारस आकर अगर बनारसी गुरुओं की संगत नहीं की, भाँग नहीं छाना, साफा नहीं लगाया, गहरेबाज़ी नहीं की और नाव पर सैर नहीं की तो बनारस नहीं देखा। लम्बी-चौड़ी ग़र्द से ढकी सड़कों पर क्या रखा है? टूटे-फूटे घाटों के किनारे ऊँचे महलों में क्या रखा है? पुलिस की संगीनों के साये के नीचे आनन्द क्या मिलेगा? जब तक उस परिधि के बाहर आकर साधारण बनारसियों से घुल-मिलकर उनसे परिचय प्राप्त नहीं करेगा, बनारस क्या, एक बनारसी को भी कोई समझ नहीं सकेगा।

बनारस के राजा

बनारस के राजा का मतलब आप कहीं काशी नरेश अथवा प्राचीन काल के काशी नरेशों से न लगा बैठें, इसलिए इस विषय पर कुछ कह देना आवश्यक है। भारत के स्वतन्त्र होने के बाद 'लौह पुरुष' का धक्का खाकर राजाओं का अस्तित्व सेंट की तरह उड़ गया। आजकल मन्त्रियों का ज़माना है। राजाओं का अस्तित्व इतिहास की पुस्तक और शतरंज की मुहरों तक ही है। प्राचीन काल में काशी किन-किन राजाओं के अधिकार में रही, कितने राजा यहाँ के शासक बने—यह सब विषय इतना लम्बा-चौड़ा है कि उसके लिए रीमों काग़ज़ काला करने की ज़रूरत है। फिर उनसे मतलब क्या? अतएव विषयान्तर न करके अपने विषय पर उतर रहा हूँ।

धार्मिक ग्रन्थों और नागरिकों के विश्वास के आधार पर यह कहा जा सकता है कि काशी नरेशों का इस नगरी पर अधिकार भले ही रहा हो परन्तु काशी की जनता हमेशा बाबा भोलेनाथ को ही अपना राजा मानती आयी है। बाबा भोलेनाथ हमेशा नगर के मध्य अपनी फेमिली सहित रहते आये हैं। आज भी वे अन्नपूर्णा, गणेश और अपनी पूरी कचहरी के साथ जमे हुए हैं। हिमालय से अपने साले (सारनाथ) को बुलाकर एक इलाका उन्हें भी दे दिया है। लोगों का दुःख-सुख सुनते हैं। जिनका नहीं सुनते वे लोग उनकी पत्नी अन्नपूर्णा या उनके कोतवाल भैरवनाथ के यहाँ जाकर सिफ़ारिश करते हैं। यही वजह है कि काशी की जनता इन पर अगाध श्रद्धा रखती है। इनके पास जाने के लिए न विज़िटिंग कार्ड भेजने की आवश्यकता है और न ट्रंककाल करके टाइम फिक्स करने की ज़रूरत। न अचकन-चपकन पहनने की ज़रूरत है और न गांधी ब्रांड। किसी भी अवस्था में, किसी भी समय आप उनसे जाकर मिल सकते हैं। सिर्फ़ बम-बम या घंटा बज़ाकर उनके नशे को दूर करने की आवश्यकता पड़ती है। प्यार से उनके बदन पर हाथ

फेर सकते हैं, उन्हें नहला सकते हैं, सर पर हाथ फेरकर भक्ति दिखा सकते हैं, गो कि कुछ दिन यह छूट नहीं रह गयी थी। कुछ हरिजनों ने और कुछ उनके पर्सनल असिस्टेंटों ने झगड़ा कर उन्हें जँगले में बन्द कर दिया था। तब वे सिर्फ़ नुमाइशी जीव बन गये थे, झरोखे से झाँकी मात्र देते थे।

इनके पास जाने के लिए डाली या उपहार ले जाने की ज़रूरत नहीं है। एक गिलास पानी काफी है। अगर आप वह भी न ले जाना चाहें तो कोई हर्ज़ नहीं, खाली हाथ जाइए। भक्ति का पारा हाई हो तो एक पैसे की माला और कुछ बेलपत्र काफी है। काशी के ये राजा जिस पर ख़ुश होते हैं—छप्पर फाड़कर धन देते हैं, मुँह माँगी मुराद मिल जाती है। अपुत्रक को दर्जनों बच्चे, रोजी रोज़गार में बरक्कत, मुकदमे में जीत, गरीब-मुँहताज को ज़मीन में गड़े मोहरों का पता और अन्तकाल में मोक्ष का सर्टिफिकेट तो साधारण बात है। कहा जाता है कि जो लोग अधिक पाप करते हैं या जिन पर विश्वनाथजी की मुक्ति सर्टिफिकेट का काम नहीं करती, वे केदारनाथजी के इलाक़े में जा बसते हैं। इनका अपना एक अलग इलाक़ा है। यह इलाक़ा महर्षि वेदव्यास के झमेले के कारण बसाया गया है। कुछ लोगों ने (जिनके पास दिव्यचक्षु हैं) मणिकर्णिका घाट पर मुर्दों के पास शंकर भगवान को साक्षात् रूप में उनके कानों में कुछ कहते देखा है। लेकिन यह तयशुदा बात है कि काशी में शंकर का ही राज्य है। यहाँ के हर गली-कूँचे में वे विराजमान हैं।

उनकी नींद इतनी गहरी होती है कि उन्हें जगाने के लिए हिन्दू जनता सुबह होते ही गाल बजाते हुए 'हर हर महादेव शम्भो काशी विश्वनाथ गंगे' के नारों से काशी का कोना-कोना गुलज़ार कर देती है।

आजकल प्रत्येक प्रान्त की ग्रीष्मकालीन राजधानियाँ बन गयी हैं। मेरी समझ से लोगों ने यह प्रेरणा शंकर भगवान से ली है। शंकर की ग्रीष्मकालीन राजधानी कैलास है। भक्तों का कहना है कि यहाँ की गर्मी से घबराकर वे कैलास चले जाते हैं। पंडितों का कहना है कि द्वितीय विवाह के पश्चात् उन्हें ससुराल से अधिक मोह हो गया है, इसलिए चार माह ससुराल जाकर मौज-पानी लेते हैं। कुछ प्रगतिशील विचारवालों की राय है कि अपनी द्वितीय पत्नी गंगा से मिलने के लिए जाते हैं। इस तर्क में कौन कितना सही है, यह तो मैं नहीं जानता। यदि भोले बाबा कभी किसी पत्रकार को इन्टरव्यू दें तो सही बात प्रकाश में अवश्य आ जाए।

यह निश्चित है कि जब राजा राजधानी में नहीं रहेगा तो राज्यशासन में कुछ गड़बड़ी हो ही जाती है। फलस्वरूप ये चार महीने बड़े मुश्किल से गुज़रते हैं। अक्सर जब वे कैलास से जल्द वापस नहीं लौटना चाहते—जिसका पता यहाँ तुरन्त

पानी बरसने में देर होते देख लग जाता है—तब भक्तों का दल गंगा का पानी घड़े में भरकर मन्दिरों में लाकर छोड़ने लगता है। इतना पानी छोड़ा जाता है कि पानी की वह धारा एक छोटी नदी का रूप धारण कर लेती है। शायद भक्तों की इस हरक़त की सूचना उन्हें मिल जाती है और वे तुरन्त नन्दी पर सवार होकर चल देते हैं। ये चार महीने वे शान्ति से बिताने की गरज़ से कैलास जाते ज़रूर हैं पर वहाँ भी उन्हें शान्ति नहीं मिलती। उन दिनों समूचे भारत के आस्तिकजनों का दल पर्वतीय भूमि को गुलज़ार कर देता है। इधर काशी की जनता उन्हें अलग परेशान करती है। कैलास से वापस आने पर उन्हें और ही दृश्य देखने को मिलता है। उनके भक्तगण उनसे नाराज़ होकर दुर्गादेवी, लक्ष्मीदेवी, संकटमोचन और सारनाथ के उपासक बन जाते हैं। यह दृश्य देखकर उन्हें कितना सदमा होता है यह तो पता नहीं, पर वे इस बात की प्रतिज्ञा ज़रूर करते होंगे कि आगे से वे ससुराल में ऐसी लम्बी नहीं ताना करेंगे। तीन-चार माह बाद कहीं भक्तों का मिजाज़ ठीक होता है और तब पुनः पहले जैसा उनका सम्मान होने लगता है। लेकिन हर साल गर्मी आते ही उनका मिजाज़ खड़बड़ा जाता है और इधर उनके भक्त भी कम नहीं। उन्हें अपनी उचित शिक्षा देने का हथकंडा ज्ञात है। अब तो दोनों ही इस बात के आदी हो गये हैं। किसी को किसी से शिकायत नहीं।

काशी नरेश

भोले बाला के जीवित संस्करण हैं—काशी नरेश। राह-बाट कहीं भी मुलाकात हो, आप 'हर-हर महादेव' की आवाज़ लगाइए, वे स्वयं आपको सलाम करेंगे। काशी की जनता अपने इस नरेश का जितना सम्मान करती है उतना किसी का नहीं। एक बार जब सारिपुत्त-महामोद्गल्यायन की अस्थियाँ सारनाथ आयी थीं, उस समय माननीय पन्त जी से लेकर विदेशों के अनेक राजदूत, सिक्कम के राजकुमार, मन्त्री और अधिकारी उपस्थित थे। काशी की जनता उन्हें देखती रही। लेकिन ज्यों ही महाराज बनारस आये और अस्थि कलश हाथ में लिया—'हर-हर महादेव' के नारों से सारा सारनाथ काँप उठा। महाराजा साहब के पीछे-पीछे भीड़ चल पड़ी। अन्य महानुभावों का वही महत्त्व हो गया जो लँगड़े आम के आगे खरबूजे का हो जाता है।

काशी के नागरिक काशी नरेश के आगे बड़ों-बड़ों को बामुलाहिजा गरदनियाँ दे देते हैं। यही वजह है जब जहाँ मौका मिला 'हर-हर महादेव' के नारों से उनका स्वागत करते हैं। एक बार की बात है, कुछ गुरु लोग भाँग छानकर दुर्गाजी के

मन्दिर के पास मैदान में निपटान देने जा रहे थे। हाथ में हँड़िया, तन पर लँगोट और कान पर यज्ञोपवीत चढ़ा था। ठीक इसी समय महाराजा साहब की मोटर आ गयी। ऐसी हालत में उनसे आँखें चुरा लेना स्वाभाविक धर्म नहीं माना जाता। गुरु लोगों ने आव देखा न ताव, हँड़िया नीचे रख दोनों हाथ उठाकर 'हर-हर महादेव' की आवाज़ बुलन्द कर ही दी। भले ही महाराजा साहब ने उन लोगों को न देखा हो, पर आदत के अनुसार हाथ उठाकर उन्होंने भी अभिवादन किया। उनकी इस सतर्कता से काशी की जनता निहाल हो जाती है।

स्वयं महाराजा साहब भी बनारसियों से कम मुहब्बत नहीं करते। उस पार की सारी ज़मीन, दुर्गाजी मन्दिर, लंका, वेदव्यासजी की भूमि बनारसियों को नहाने-निबटने, भाँग छानने और तफरीह करने के लिए छोड़ दी है। साल में एक बार काफी धूमधाम से महीनों तक रामलीला करवाते हैं। उन दिनों बनारस की आधी जनता गहरेबाज़ पर सवार होकर उस पार पहुँचती है। साल में स्वयं एक बार महाराजा भरत-मिलाप देखने चले आते हैं। विश्वनाथ दर्शन या कोठी पर आराम करने भी आते-जाते रहते हैं। बनारसी जनता से काशी के इस राजा का सम्पर्क बहुत दिनों से इस प्रकार स्थापित है और आगे रहेगा भी।

अन्य राजा

काशी नरेश के अलावा काशी में कुछ ऐसे भी राजा हुए जो आज भी राजा के नाम से पुकारे जाते हैं। मसलन राजा शिवप्रसाद सितारेहिन्द, राजा औसानसिंह, राजा बलदेवदास बिड़ला और राजा मोतीचन्द। इन लोगों को ब्रिटिश सरकार की ओर से राजा की उपाधियाँ प्राप्त हुई थीं और तब से इनके नाम के आगे यह शब्द जुड़ा हुआ है। इनमें राजा बलदेवदास और राजा मोतीचन्द ने काशी की जनता से सम्पर्क स्थापित कर कुछ सेवा-कार्य भी किया है। कुछ ऐसे स्मारक बनवाये हैं कि आगे आनेवाली पीढ़ी भी इनका यशोगान करती रहेगी।

यों काशी में अनेक राजाओं की कोठियाँ मौजूद हैं और काशी के निर्माण में लगभग सभी ने भाग लिया है, पर जनता उन नरेशों को अधिक मान्यता नहीं देती। काशीवासी मौज-पानी लेने के लिए प्रसिद्ध हैं। इसके लिए वे अपना सब कुछ लुटा देने को तैयार रहते हैं। जो लोग इनके इस आनन्द में शरीक होते हैं, वे ही इनके लिए राजा के तुल्य हैं। महाराजा कुमार विजयानगरम् इसी कोटि के राजाओं में हैं। काशी की जनता इन्हें 'राजा इजानगर' कहती है। कहा जाता है लक्सा की रामलीला का प्रारम्भ स्वयं इन्होंने करवाया था। उन दिनों चार ब्राह्मण

के लड़के और लड़कियाँ खोजकर प्रत्येक वर्ष राम-लक्ष्मण, भरत तथा शत्रुघ्न और उनकी पत्नियों के लिए चुने जाते थे। बाक़ायदा विवाह आदि समस्त कार्य रामलीला के अन्तर्गत किया जाता था। इसके पश्चात् सम्पूर्ण लीला में उनसे अभिनय करवाकर उन्हें छोड़ दिया जाता था। इस प्रकार प्रति वर्ष चार ब्राह्मण बच्चों का विवाह ब्राह्मण कुमारियों के साथ हो जाता था और उनके माता-पिता इस खर्च से बच जाते थे।

बेताज के बादशाह

इन राजाओं के अलावा काशी में दो अन्य राजा हैं, जिन्हें सरकार ने उपाधि नहीं दी और न उनका कहीं राज्य है। बनारस की जनता की ओर से उन्हें राजा की उपाधि प्राप्त है। उनमें राजा किशोरीरमण आज भी जीवित हैं। वर्तमान समय में लक्सा रामलीला का भार इन्हीं पर है। रामनगर की लीला के बाद लक्सा की रामलीला का ही महत्त्व है। चूँकि काशी की जनता का इससे अधिक मनोविनोद हो जाता है और साल में कुछ दिनों तक उनकी कोठी में लोग मौज-पानी लेते हैं, बस इस ख़ुशहाली में लोग उन्हें राजा कहकर पुकारने लगे।

काशी के दूसरे राजा हैं—स्व. शिवप्रसाद गुप्त। कहा जाता है जब तक वे जीवित थे, काशी की नाक थे। कभी कोई माँगनेवाला उनके यहाँ से खाली हाथ नहीं लौटा। काशी की गरीब जनता उन्हें दानवीर कर्ण मानती रही। बनारस के नागरिक कब क्या चाहते हैं, इसका उन्हें अनुभव था। यद्यपि उनकी देन कम है, पर उनकी महानता इस देन से कहीं अधिक है। इनके बारे में जनता में अनेक कहानियाँ प्रसिद्ध हैं। कहा जाता है कि एक बार दंगे के समय जब काशी की जनता पर छह हजार रुपये प्यूनिटी टैक्स लगा तब बाबू शिवप्रसाद गुप्त ने ब्रिटिश सरकार से कहा कि मैंने आपको बाईस हज़ार रुपये कर्ज़ दे रखा है। उसमें से छह हज़ार रुपये टैक्स की रकम काटकर बाकी सोलह हज़ार रुपये के चाँदी के सिक्के मुझे वापस कर दीजिए। ब्रिटिश सरकार के खज़ाने में इतना सिक्का नहीं था, इसलिए उसने यह प्रस्ताव अस्वीकार कर दिया। यह बात अपने में कहाँ तक सच है, यह तो पता नहीं, पर आज भी बड़े-बूढ़े इस बात को दुहराते हैं।

कुछ लोगों का विचार है कि काशी में रेडियो स्टेशन सरकार सिर्फ इसलिए नहीं लगा रही है कि उसके पास पैसे की कमी है। यदि आज बाबू शिवप्रसाद गुप्त जीवित होते तो शायद उतनी रकम सरकार को देकर रेडियो स्टेशन खुलवा देते। कहने का मतलब आज भी काशी की जनता के हृदय में इस बेताज बादशाह के प्रति काफी इज़्ज़त है। बनारस के हड़ताल के इतिहास में बाबू शिवप्रसाद गुप्त

के निधन दिवस पर जैसी जबर्दस्त हड़ताल हुई, वैसी महात्मा गांधी, महामना मालवीय के निधन दिवस के अलावा अन्य किसी के निधन दिवस पर नहीं हुई थी।

बनारस के राजाओं का एक जानदार वर्ग स्वयं यहाँ के अलमस्त निवासी हैं। सबेरे के समय गंगा के घाटों तथा मन्दिरों के आसपास अगर आप टहलने का कष्ट करें तो—'का राजा, नहा के आवत हउवा?' चौंककर देखेंगे तो पाएँगे, जिसे 'राजा' सम्बोधित किया गया है, वह कमर में गावटी का भीगा गमछा लपेटे कोई फक्कड़ बनारसी होगा। 'राजा' यहाँ का परम पवित्र सम्बोधन है, जिस तरह 'मिस्टर', 'महाशय' और 'महोदय' आदि।

बनारसी रईस

हिन्दुस्तानी नवाबों की नगरी लखनऊ और रईसों की नगरी बनारस है। हाँ, अगर आप इन दोनों शहरों के बाशिन्दे न हुए तो नाराज़ हो सकते हैं। इसलिए पहले आपकी नाराज़गी दूर कर दूँ। सर्चलाइट लेकर तलाश करने पर हिन्दुस्तान के हर गली-कूँचे में रईस और नवाब खचियों मिल जाएँगे पर जो सिफ़त बनारसी रईसों में है और जो नज़ाकत लखनवी नवाबों में है, वह उनमें कभी नहीं पाइएगा। आधुनिक युग में करोड़पति या लखपति जाड़े के दिनों में अधिक-से-अधिक दो या तीन लिहाफ़ ओढ़ता होगा। अगर यही बात किसी लखनवी नवाब से पूछिए तो किस दिन कितना जाड़ा पड़ा था इसका नाप-जोख वह लिहाफ़ों की संख्या में बताएगा। है दुनिया के किसी ठंडे मुल्क में बसे नवाबों में यह नज़ाकत? ठीक इसी प्रकार बनारसी रईस भी भोजन में पीसे हुए बासी मसाले की शिकायत से लेकर बिस्तर की तीसरे चद्दर की सिकुड़न का बयान दे सकता है।

रईस कौन?

सच पूछिए तो रईस न तो किसी साँचे में ढाले जाते हैं और न किसी फैक्टरी में बनाये जाते हैं। उन्हें मार-पीटकर भी रईस नहीं बनाया जाता। रईस लोग अपनी प्रवृत्तियों के कारण बनते हैं। मेरा मतलब उन रईसों से नहीं है जो जलपान गृह, रेस्तराँ और सिनेमा के पास विचरण करते हुए अपने मित्रों से कह उठते हैं—'आओ यार, तुम भी क्या कहोगे किसी रईस से पाला पड़ा था।' याद रखिएगा, रईसी किसी की बपौती नहीं है और न किसी जाति विशेष की अमलदारी। रईस हर वर्ग का हर व्यक्ति बन सकता है, बशर्ते उसमें नफ़ासत हो, नज़ाकत हो और शराफ़त हो।

बनारसी रईसी का मतलब साधारण तौर पर उदारता और शाहखर्ची से लगाया जाता है। लेकिन इसका मतलब यह नहीं कि अनैतिक कार्यों में भी शाहखर्च

बननेवाला रईस की उपाधि पा जाए। बनारसी रईस उस व्यक्ति को कहा जाता है जो व्यक्तिवादी नहीं होता और जन समारोहों में अपना परिचय विलक्षण मुक्त हस्ती से देता है। लगे हाथ एक उदाहरण सुन लीजिए।

आधुनिक हिन्दी साहित्य के जन्मदाता भारतेन्दु हरिश्चन्द्र से अधिकांश लोग परिचित हैं। बनारस में अनेक साहित्यिक पैदा हुए और होते रहेंगे, पर इनकी उदारता का गुणगान आज के प्रत्येक काशीवासी की ज़बान पर है। इनकी रईसी देखकर एक बार काशी नरेश के मन में भी ईर्ष्या उत्पन्न हो गयी थी। उन्होंने कहा था—"बबुआ, एत्तरे खर्चा करबा त एक दिना बाप-दादा का बिरासत डूब के रह जाई..."

भारतेन्दु ने छूटते ही जवाब दिया—"इस धन ने मेरे दादा को खाया, मेरे बाप को खाया और अब मुझे भी खा जाना चाहता था। इसलिए मैंने सोचा लाओ मैं ही इसे खा जाऊँ। न रहे बाँस और न बजे बाँसुरी।"

स्मरणीय कवि-सम्मेलन

भारतेन्दु कितने बड़े रईस और साहित्य प्रेमी थे निम्नलिखित उदाहरण से जाना जा सकता है—

एक बार इनके यहाँ तीन दिनों तक अखंड कवि-सम्मेलन होता रहा। पन्द्रह-बीस हलवाई पूड़ी-तरकारी बनाते रहे। कुछ लोग भाँग घोटते रहे। बाहरी मेहमान और कविगण खाते-पीते-सोते और कवि-सम्मेलन में भाग लेते रहे। लेकिन सम्मेलन कुछ देर के लिए भी रुका नहीं। सारा शहर उलट पड़ा था। है कोई माँ का लाल, जो आज के युग में इतने कवियों का तीन दिनों तक खर्चा और नखरा बर्दाश्त कर सके।

बुढ़वा मंगल के वे प्राण थे। उन दिनों बुढ़वा मंगल में भाग लेने के लिए काशी नरेश भी आया करते थे। इस उत्सव में हज़ारों रुपयों के सोने-चाँदी का वर्क उड़ जाता था। साहित्य के नाम पर इस महान पुरुष ने जितना त्याग किया और दान दिया है, वह आज के युग में कभी सम्भव नहीं है।

एक बार दो तमोलियों को नशा-पानी के लिए कुछ रकम की आवश्यकता थी। तुरन्त कहीं इन्तजाम हो नहीं सकता था। बस, एक ने कुछ तुकबन्दियाँ कीं और चल पड़े भारतेन्दु के यहाँ। उनके सामने जाकर जब अपनी कविता सुनायी तब उन्हें उनका वास्तविक उद्देश्य समझते देर नहीं लगी। एक दुशाला और एक अँगूठी देते हुए बोले—"कविता तुम्हारे बस की नहीं है। जाकर पान लगाओ। इसके

चक्कर में मत पड़ो।" आज के युग में कौन-सा ऐसा साहित्य प्रेमी या धन्नासेठ है जो तुकबन्दी के नाम पर दुशाला और अँगूठी का दान कर सकता है?

शाहखर्ची और उदारता के अलावा बनारसी रईस कुछ झक्की भी होते हैं। राजाओं के बाद बनारस में रईसों का दर्ज़ा माना जाता है। कुछ मायने में जनता राजाओं से कहीं अधिक सम्मानित रईसों को समझती है। जिस प्रकार राजा अपनी तमाम प्रजाओं का ख़्याल रखता है, उसी प्रकार रईस अपने आश्रितों, अपने परिचितों तथा अपने अंचल के लोगों का ख़्याल रखते हैं। राजा केवल दर्शनीय होता है, अपनत्व के बाहर का व्यक्ति। लेकिन रईस अपनी महफ़िल का आदमी होता है जिससे हर ढंग से बातचीत की जा सकती है। वह कुछ मायनों में राजाओं से महान होता है, उसकी इस महानता को कुछ लोग 'सनकीपन' समझते हैं।

अशर्फ़ी सुखाई जाती थी

तीन लोक से न्यारी काशी में रईस लोग भी निराले ढंग के हो चुके हैं। काशी में झक्कड़ साव के घराने की अनेक कहानियाँ बच्चों की ज़बान पर चहल-कदमी करती हैं। इनके बारे में यह बात अधिक प्रसिद्ध है कि एक बार आपको यह झक सवार हुई कि सन्दूकों में अशर्फ़ियाँ काफी दिनों से पड़ी हैं, इन्हें धूप में डलवाकर सुखा लेना चाहिए। यह सनक सवार होते ही नौकरों को आदेश दिया गया कि तमाम अशर्फ़ियाँ इकट्ठी करें। जब अशर्फ़ियाँ इकट्ठी की गयीं तब उसके इतने ढेर लग गये कि गिनने के बजाय उन्हें तौलकर सूखने के लिए ऊपर भेज दिया गया। दिनभर सूखने के बाद जब पुनः तौली गयीं तब उन्हें जानकर आश्चर्य हुआ कि कम क्यों नहीं हुई। फलस्वरूप नौकरों पर बुरी तरह फटकार पड़ी—सब जांगरचोर हैं, काम ठीक से नहीं करते। कोई काम ठीक से नहीं होता।

दूसरे दिन फिर वही क्रिया दुहराई गयी। अन्त में नौकरों ने कुछ अशर्फियाँ अपनी जेब में रख लीं। इस प्रकार जब उस दिन वज़न कम हो गया तब उन्हें विश्वास हो गया कि हाँ, आज अशर्फ़ियाँ सचमुच सुखाई गयी हैं।

झक्कड़ साव की एक और कहानी इस प्रकार है—आप में एक आदत यह थी कि शाम को पान घुलाकर दो-तल्ले में बैठ जाते थे। जो व्यक्ति ख़ूब साफ कपड़े (बुर्राक) पहनकर उनकी गली से गुज़रता तो देख-दाखकर उस पर थूक देते थे। यह मानी हुई बात है कि आप जिस पर थूकेंगे वह आपकी इस 'पुनीत-कृपा' पर मौन नहीं रह सकेगा। फलस्वरूप वह व्यक्ति नीचे से काफी गालियाँ देता था जिसे सुनकर वे बड़े प्रसन्न होते थे। जो व्यक्ति ऐसा नहीं करता था, उसे

गदाई कहकर अपने आप में ही पेंचोताब खाकर रह जाते थे। कम्बख़्त ने रईसी का रुआब नहीं माना।

हिन्दी साहित्य के प्रसिद्ध लेखक स्वर्गीय किशोरीलाल गोस्वामी महाराज भी यही क्रिया करते थे और झक्कड़ साव की भाँति आप भी गाली देनेवाले को ऊपर बुलाकर माफ़ी माँगते और नये वस्त्र पहनाकर उसे विदा कर देते थे।

एक पैसा जुर्माना

काशी के प्रसिद्ध रईस थे—लल्लन-छक्कन। इनका इतना बड़ा तबेला (अस्तबल) है कि आज वहाँ लड़कियों का सरकारी स्कूल खुल गया है। एक बार इन्हें अजीब सनक सवार हुई। इन्होंने अपनी बग्घी में इतने घोड़े जुतवाए, जो क़ानून के ख़िलाफ़ था। फलस्वरूप इन पर मुक़दमा चला और जुर्माना हुआ। इससे चिढ़कर इन्होंने यह तय किया कि देखें सरकार कब तक कितना जुर्माना करती है। नित्य जुर्माना देते गये और नित्य एक घोड़ा बग्घी में बढ़ता गया। अन्त में एक दिन जज ने तंग आकर इन पर एक पैसा जुर्माना किया।

जज के इस फैसले से चिढ़कर कि क्या मेरी हस्ती एक पैसे की हो गयी, इन्होंने उस दिन के बाद से बग्घी पर बैठना छोड़ दिया।

बनारस के भीक्खू साव का नाम आज के बच्चे-बच्चे की ज़बान पर है। उनकी दैनिक क्रियाओं का साहित्य में वर्णन करना अनुचित होगा, इसलिए उनके बारे में कुछ नहीं लिख रहा हूँ। सच पूछिए तो वे बनारस के दर्शनीय व्यक्तियों में एक थे।

बनारस में रईस कितने हैं, इसका सही आँकड़ा आज भी ज्ञात नहीं हो सका, क्योंकि यहाँ का प्रत्येक व्यक्ति कुछ-न-कुछ अवश्य है। मसलन यहाँ के सभी ब्राह्मण गुरु, अहीर सरदार, क्षत्री ठाकुर साहब, मज़दूर पेशेवाले मिस्त्री, दुकानदार साव-महाजन, यहाँ तक कि सड़क पर झाड़ू लगानेवाला भी मेहतर नहीं जमादार साहब है।

समझने को बनारस का धोबी भी अपने को रईस समझता है। अगर उसके पीठ पर कपड़े की गट्ठर न हो अथवा शीतला वाहन के साथ न हो तो उसे किसी कालेज का छात्र या अध्यापक समझा जा सकता है। जिनका बनारसी धोबियों से पाला पड़ा है वे इस बात को महसूस करते हैं।

नगरपालिका जिस दिन मेहतरों को वेतन देती है उसी दिन शाम को मेहतरों का दल कलवरिया में अपनी रईसी का जो दृश्य उपस्थित करता है, वह बड़े-बड़े रईसों के लिए ईर्ष्या का विषय बना हुआ है।

साधारण तौर पर रईस लोग सुबह 8-9 बजे के पहले बिस्तर नहीं छोड़ते। प्रात:क्रिया समाप्त करने के पश्चात् हजरत के बदन की मालिश एक घंटे तक होती है, फिर नहा-धोकर खा-पीकर आराम से गावतकिया के सहारे सटक पीते हुए आराम फ़रमाते हैं। जब दोपहरिया ढल जाती है तब मौसमी फलों का रस लेते हैं। इसके पश्चात् शाम के समय यारों की महफ़िल जमती है। उसमें खान-पान का दौर भी चलता है, हर रंग की बातचीत होती है। बनारसी रईस घर से बहुत कम बाहर निकलते हैं। कुछ ऐसे भी रईस हैं जिन्हें सड़क पर निकले तीन-चार वर्ष हो गये हैं। छोटे सरकार (लड़का) कारोबार देखते हैं और बड़े सरकार घर में रईसी का आनन्द लेते हैं।

रईसी बनारसवालों का पैदाइशी हक़ है। हर आदमी मौके-मौके पर अपनी रईसी प्रगट करता है। सबके अन्त में रईसी का एक अनोखा उदाहरण दे दूँ। बिजली के पंखे लोग स्वयं अपने उपयोग के लिए रखते हैं, पर सोनारपुरा में एक मिठाई की दुकान पर टेबिल-फैन से भट्ठी सुलगाने का काम लिया जाता है। शुद्ध रेशमी परिधान में मुँह में पान घुलाये भिखमंगे भी अपनी काशी में आसानी से मिल जाएँगे, जिनका केवल ऊपरी-खर्च, किसी प्रोफ़ेसर की तनख़्वाह से अधिक ही बैठता है।

ज़माना था, जब बनारस की रईसी की इज़्ज़त होती थी, पर अब तो इत्र का फाहा बनाकर कान में खोंसने में भी अड़चन होती है।

बनारस के संन्यासी

और मामलों में आप बनारस को भले ही फिसड्डी नगर कह लें, लेकिन धर्म के मामले में बनारसवालों का बड़ा गहरा रंग है। बनारसवाले अपनी 'विल पावर' के जरिये सम्पूर्ण भारत को धार्मिक एकता में बाँध रखने में सफल हुए हैं। धर्म के मामले में यहाँ की संसद में जो प्रस्ताव पास हुए वह सम्पूर्ण देश में मार्शल-ला की भाँति लागू हो गये।

भारत की राजधानी के रूप में कोई नगर अनादिकाल से रजिस्टर्ड नहीं रहा। इन्द्रप्रस्थ, दिल्ली, दौलताबाद, आगरा और नयी दिल्ली आदि नगरों को भारत की राजधानी बनने की 'टेम्परेरी रजिस्ट्री' हो चुकी है। यद्यपि बनारस ने भूलकर भी यह गौरव स्वीकार नहीं किया, फिर भी वह हिन्दू धर्म का रजिस्टर्ड हेड ऑफिस अनादि काल से बना हुआ है। इतिहास और धार्मिक ग्रन्थों के अध्ययन से भी यह पता नहीं चलता कि आर्य धर्म के इस हेड ऑफिस का कभी स्थानान्तरण हुआ था। अगर कहीं कुछ परिवर्तन हुआ है तो केवल नगर के नाम में। काशी, काशिका, स्वर्गपुरी, तीर्थराज्ञी, वाराणसी, बनारस, मुहम्मदाबाद, बेनारेस और अब अपने बाबू साहब की कृपा से फिर वाराणसी।

धार्मिक महत्ता

बनारस को इतनी धार्मिक महत्ता कब, क्यों और कैसे मिली—इसका उल्लेख कहीं नहीं है, यद्यपि यह बात सही है कि भारत में प्रचलित सभी सम्प्रदायों के जन्मदाता अपनी-अपनी थीसिस लेकर बनारस आये। यहाँ उन्हें उचित मार्क-शीट ही नहीं प्राप्त हुई, बल्कि नया धर्म चलाने का लाइसेन्स भी दिया गया। बिना यहाँ से परमिट प्राप्त किये कोई भी धर्म भारत में पनपा नहीं। 'भगवान बुद्ध' से लेकर निरक्षर भट्टाचार्य 'बिहारी' तक की साधना-भूमि काशी रही। प्रत्येक सम्प्रदायवालों के

मठ-मन्दिर और अखाड़े यहाँ हैं। सभी धर्माचार्य यहाँ की कसौटी पर रगड़े जा चुके हैं। कहने को यहाँ तक कहा जाता है कि ईसा मसीह भी काशी आये थे।

स्कन्दपुराण के अनुसार ''त्रिलोक में वाराणसी सर्वश्रेष्ठ तीर्थ है।'' महामहोपाध्याय गोपीनाथ कविराज के मतानुसार ''तीर्थों में श्रेष्ठतम तीर्थ काशी ही है, क्योंकि यह कर्मक्षेत्र नहीं अपितु ज्ञान का क्षेत्र है। यहाँ कर्म बीज बपन नहीं किया जाता, पर ज्ञान बीज बपन किया जाता है। इस दृष्टि से समग्र काशी को गुरुधाम कहा जा सकता है।''

यहाँ तक तो हम मान लेते हैं कि काशी अत्यन्त पवित्र नगरी है जिसकी चर्चा वेद से लेकर बौद्ध दर्शन तक और उपनिषद् से लेकर उपन्यासों तक में हो चुकी है। लेकिन एक बात साफ़ नहीं होती कि इससे धर्म का क्या सम्बन्ध है?

बहुत सम्भव है आर्यों में जब वर्ण व्यवस्था प्रारम्भ हुई तब ब्राह्मण वर्ग के व्यक्ति अपना 'रिटायर्ड' काल 'निछद्म' में बिताने के लिए यहाँ चले आये। उन दिनों काशी में भयंकर जंगल था। (विश्वास न हो तो ईस्ट इंडिया काल में बने बनारस ज़िले का नक्शा देखें) मौज-पानी का दिव्य प्रबन्ध था। गुरु बनाम ब्राह्मण लोग यहाँ चले आये। उन्हें भरपेट भोजन के अलावा कुछ नहीं चाहिए था। इस प्रकार जब अधिकांश गुरु लोग यहाँ चले आये तब सार्थ में बच्चों को शिक्षा देनेवाला कोई नहीं रह गया। इसीलिए उन दिनों लोग अपने बच्चों को शिक्षा के लिए यहाँ भेजने लगे। गुरुओं को और कुछ काम था नहीं, खाना, निपटना और छात्रों को ठोंक-पीटकर पढ़ाना जीवन का लक्ष्य बन गया। खाली समय में अपने स्वार्थ के लिए उन्होंने जो नियम बनाये—वही धर्म बन गया। इस प्रकार एक ढेले में दो शिकार हो गये, अर्थात् धर्म का प्रचार भी हुआ और काशी सम्पूर्ण भारत के लिए शिक्षालय भी बन गया। यही वजह है कि धर्म और शास्त्रार्थ के मामले में काशी की ख्याति आज भी है। आज भी ब्राह्मणों का यहाँ आधिपत्य है। भले ही आप उनकी अवज्ञा करें, पर वे जानते हैं कि जन्म, विवाह और मृत्यु के समय आप उन्हें अपने यहाँ अवश्य बुलाएँगे, भले ही आपकी पैदाइश रूस में हुई हो या आप घोर नास्तिक हों, बिना उनके सहयोग के आप नरकगामी बनेंगे।

संन्यासियों की पहली पलटन

हिन्दू धर्म में ऋषि-मुनियों की बड़ी महत्ता है। अधिकतर ऋषि-मुनि ब्राह्मण ही होते थे। ब्राह्मणों को ही शिक्षा-दीक्षा दी जाती थी। गैर ब्राह्मणों को पास फटकने नहीं दिया जाता था। नतीजा यह हुआ कि नाऊ-धोबी बनारस नहीं आ सके। गुरुओं

की दाढ़ी, जटा बढ़ने लगी, कपड़े चीथड़े हो गये, उनका एक अजीब रूप हो गया। आगे चलकर ये ही लोग ऋषि-मुनि कहलाने लगे। यहाँ यह स्मरण रखना होगा कि हमारे ऋषि-मुनि पंडित थे और विवाहित होते थे। ऐरे-गैरे को चेला बनाकर अपनी इज़्ज़त अपने हाथ से नहीं गँवाते थे। गृहस्थी के लिए सर्वदा मंगल-कामना करते थे। उन दिनों खाने-पीने की कमी रही नहीं, मार्क्सवाद-पूँजीवाद का झगड़ा नहीं था, डॉलरवाद-स्टर्लिंगवाद की समस्या नहीं थी, नाटो-सीटो पैक्ट नहीं थे और न परमाणु और हाइड्रोजन बम का भय था। फलस्वरूप जिन लोगों को बुद्धि की अपच की बीमारी हो जाती थी, वे लोग जंगल में भाग जाते थे और तप करने बैठ जाते थे। जब उनकी दाढ़ी और जटा बढ़ जाती थी तब तप के आधार पर उन्हें ऋषि-मुनि की उपाधि दे दी जाती थी। ऐसे लोग जंगल में रहते थे। बस्ती में आने के लिए दफा 144 लागू रही, क्योंकि नंगे-अधनंगे रहते थे। शहर में कभी-कभी नमक-गुड़ माँगने चले आते थे। कन्द-मूल को अपना राशन समझते थे। मठ-मन्दिर के पचड़े में नहीं पड़े। अपनी हजामत कभी नहीं बनाते थे और न स्वार्थ के लिए दूसरे की बनाते थे। खाने-पीने और रहने के मामले में अपना 'स्टैंडर्ड' कभी गृहस्थों से 'हाई' नहीं किया। इसीलिए वे पूज्य रहे, श्रद्धेय रहे। उनमें वरदान देने की, शाप देने की और भस्म कर देने की शक्ति रहती थी।

बौद्ध संन्यासी

ऋषि-मुनियों की परम्परा कब तक भारत में प्रचलित रही, यह आज भी अज्ञात है। इसके बाद अचानक भगवान बुद्ध का नाम आता है। ऋषि-मुनियों के साधारण संस्करण संन्यासियों के प्रथम जन्मदाता सिद्धार्थ थे। बौद्ध धर्म की उत्पत्ति के पूर्व उन्हें कौन जानता था? बोधि वृक्ष के नीचे जब उन्हें ज्ञान की उपलब्धि हुई तब वे सीधे बनारस चले आये। वे इस बात को अच्छी तरह जानते थे कि आज भी बनारस में अच्छे-अच्छे तपस्वी और धर्माचार्य रहते हैं, जब तक उनसे मान्यता नहीं मिलेगी और बनारसवालों पर रोब ग़ालिब नहीं होगा, तब तक मुझे सफलता नहीं मिलेगी। अगर बनारसवालों की उपेक्षा कर गया तो मेरे सम्प्रदाय की 'हत्यात्मक' आलोचना ही नहीं होगी, बल्कि इसे उलट भी दिया जाएगा। इस बात को उन्होंने स्वयं आजीवक के सामने स्वीकार किया है :

वाराणसीं गमिष्यामि गत्वा वै काशिकां पुरीम्।
धर्मचक्रं प्रवर्तिष्ये लोके स्वप्रतिवर्तितम्॥

बनारस आकर वे शहर के बाहर सारनाथ में ही ठहर गये। भीतर जाने की हिम्मत नहीं हुई। उन दिनों भी सारनाथ शहर का बाहरी अंचल माना जाता था। कौडिन्य आदि पाँच भिक्षु वहाँ तप कर रहे थे। सबसे पहले उन्होंने इन पाँचों को अपना चेला बनाया। महाबग्ग के अनुसार इस समय समग्र पृथ्वी पर केवल छः धर्मात्मा थे। इसके बाद वे अन्य लोगों की तलाश में रहने लगे। उन्हीं दिनों की बात है कि नगर सेठ का पुत्र यश मानसिक अशान्ति से परेशान होकर एक दिन सारनाथ की ओर जा रहा था। एकाएक एक पेड़ की आड़ से भगवान बुद्ध बाहर निकल आये और उसके सामने पड़ गये। यश उन्हें देखकर घबरा गया। बुद्ध ने कहा, "मैं बुद्ध हूँ, तुम आकर बैठो, मैं तुम्हें उपदेश दूँगा।" इसके बाद वे तब तक उसे अपने पास रोके रहे जब तक यश को खोजते हुए उसके माँ-बाप नहीं आ गये। उन सबसे जमकर बमचख हुई तब कहीं जाकर वे परास्त हुए। लाचारी में बेटे के साथ-साथ पूरे परिवार ने प्रव्रज्या ग्रहण कर ली। इस प्रकार बौद्ध धर्म की पहली पलटन सारनाथ में बन गयी। भगवान बुद्ध के चेले के चेले और उनके चेलों ने इतना 'उपद्रव-अनाचार' किया कि उसका वर्णन लाखों पृष्ठों में लिखा गया। इतिहास इसके लिए बौद्ध धर्म का अहसानमन्द है कि उनके इन कार्यों के कारण तत्कालीन भारतीय समाज की अवस्था का पूरा-पूरा चित्रण हुआ है। अगर वे उपद्रव न करते तो सम्भवतः हमें अतीत का इतिहास ज्ञात न होता।

भारत में ही नहीं, बल्कि सम्पूर्ण एशिया में बौद्धों की अच्छी ख़ासी पलटन तैयार हो गयी। हीनयान-महायान से तन्त्रशास्त्र के ज्ञाताओं की पलटन बन गयी। चूँकि बौद्ध धर्म का प्रसार और उत्पत्ति सारनाथ से हुई थी, इसलिए अशोक से लेकर कनिष्क तक तथा उसके बाद पालसेन राजाओं ने भी वाहवाही लूटने की गरज से ढेरों स्तूप, हज़ारों खम्भे, सैकड़ों मन्दिर और दर्जनों विहार बनवा दिये, जिनमें बौद्ध संन्यासियों का स्थायी डेरा जम गया था। इस फ़िजूलखर्ची की कठोर आलोचना चीन के तत्कालीन प्रसिद्ध अर्थशास्त्री (?) फाह्यान, वित्तमन्त्री (?) ह्वेनच्यांग और एग्रीकल्चर डिपार्टमेंट के प्रोफ़ेसर (?) इत्सिंग तक कर गये हैं।

महापंडित राहुलजी के शब्दों में बौद्ध भिक्षुओं का बयान सुन लीजिए—

"बाहर से भिक्षु के वस्त्र पहने रहने पर भी भीतर से वे गुह्य समाजी थे। वज्रयान के विद्वान प्रतिभाशाली कवि चौरासी सिद्ध विलक्षण प्रकार से कहा करते थे। कोई पनही या जूता बनाया करता था, उसे पनहीपा कहते थे। कोई कम्बल ओढ़े रहता था, उसे कमरीपा कहते थे। कोई डमरू रखने से डमरूपा कहा जाता था। कोई ओखल रखने से ओखरीपा। ये लोग मदिरा में मत्त, कपाल चषक लिये

रहा करते थे। खुल्लमखुल्ला मदिरा और नारियों का उपयोग करते थे। राजा इन्हें अपनी कन्याएँ प्रदान करते थे। इन पाँच शताब्दियों में धीरे-धीरे एक प्रकार से सारी भारतीय जनता इनके चक्कर में पड़कर काम-व्यसनी, मद्यप और मूढ़ विश्वासी बन गयी।''

आचार्य शंकर की पलटन

भगवान् बुद्ध के पश्चात् संन्यासियों की सबसे बड़ी पलटन के निर्माता थे—आचार्य शंकर। पता नहीं उन्हें क्या सूझी कि 656 ई. में केरल से लपके हुए काशी चले आये। अपनी थीसिस की गलती सुधारने के मूड में एक दिन घाट पर 'गंजिंग' कर रहे थे कि एक चांडाल को न जाने क्या सूझी कि उसने आचार्य को ब्रह्मज्ञान का तिकड़म बता दिया। सिर्फ़ यही नहीं, यहाँ सीख पढ़कर गये, कुमारिल भट्ट से भी इन्होंने ज्ञान प्राप्त कर लिया। अगर इन लोगों को यह ज्ञात होता कि मेरी इस गलती के कारण बनारसवालों की नींद हराम हो जाएगी, भविष्य में इनके चेलों से बचकर रहना पड़ेगा तो शायद वह ऐसी गलती न करते।

बौद्ध धर्म का मजा गृहस्थ लोग देख चुके थे। इसलिए इस बार इस धर्म को गृहस्थों ने नहीं अपनाया। गृहस्थों का असहयोग देखकर इस धर्म में एक कानून यह बनाया गया कि इस धर्म के अनुयायी गृहस्थों के मध्य जाकर उन्हें प्रवचन देंगे, उनके कान फूकेंगे और वक्त जरूरत पर मूड़ते रहेंगे। इस कानून से लाभान्वित होने के लिए बहुत से अवसरवादी, बेकार और बेरोज़गार लोग भी इस पार्टी में भर्ती हो गये। आचार्य की कृपा से हिन्दुस्तान के चार कोनों में चार अड्डे बनाये गये और वहाँ से इस तरह प्रयत्न किये गये कि बौद्ध धर्म का दबदबा घटने लगा।

अपना प्रभाव बढ़ते देख प्रचारकों ने एक नया सुझाव रखा—दाढ़ी-जटा का झंझट हटा दिया जाए। एक तो इसमें चीलर-खटमल अपना महल बनाते हैं, दूसरे इस बोझ से चेहरे की रवानी ख़त्म हो जाती है। इस शर्त को मान लेने के बाद एक विवाद उठा और संन्यासियों का वर्गीकरण किया गया। गिरी, भारती, पुरी, आश्रम, वन, उपवन, अरण्य और सागर आदि नामों से दसनामी संन्यासियों की पलटनें बनीं। इनके कृत्य सम्पूर्ण भारत में शीघ्र प्रसिद्ध हो गये। इनके बारे में साधारण जनता में ये कहावत प्रसिद्ध हो गयी :

नारि मुई सम्पत्ति भई नासी
मूड़ मुड़ाये भये संन्यासी

× × ×

आन क आटा आन क घी
बइठ के मजा लें बाबा जी

× × ×

राँड़ साँड सीढ़ी संन्यासी
इनसे बचे तो सेवे कासी

× × ×

छत्तरे भोजन मठे निद्रा।

कहावत है चौबे जी छब्बे बनने गये तो दूबे बनकर लौटे। जनता ने बौद्ध भिक्षुओं से परित्राण पाने के लिए इन्हें अपनाया तो ये ऐसे गले पड़े कि छुड़ाये नहीं छोड़ रहे हैं। आज तो हालत यह है कि जहाँ गृहस्थी में कुछ कठिनाई हुई, जीवन की लड़ाई से भागना चाहा, दो आने में बेल घुटवाया, दो पैसे में धोती रंगकर दो लुंगी बनायीं, कहीं से एक खप्पर और कमंडल जुटाया—'अलख निरंजन' या 'नारायण हरि' की आवाज़ लगाते हुए मधुकरी माँगने लगे। बन बैठे आचार्य ऑफ हिन्दू धर्म और पहुँचे हुए महात्मा। यक़ीन मानिए, सिर्फ़ काशी में नहीं, अयोध्या, प्रयाग, मथुरा, वृन्दावन, उत्तराखंड, नासिक, पुरी, हरिद्वार और उज्जैन आदि क्षेत्रों में यही क्रिया होती है। इन पंक्तियों के लेखक ने जो-जो दृश्य देखा है उनका उल्लेख करना साहित्य-धर्म के विरुद्ध होगा, वरना उसका उल्लेख कर दिया जाता। शराब पीना, व्यभिचार करना, ख़ून, हत्या और धर्म के नाम पर अच्छे घरों को बर्बाद कर देने का उन्होंने व्रत ले रखा है। इतिहास गवाह है कि इनके द्वारा आधुनिक समाज अड़ी भीड़ पर कोई भी उपकार नहीं हुआ। अगर ये चाहते तो दंगे के दिनों में काम आते, शरणार्थी समस्या सुलझाने के लिए आगे बढ़ते, विदेशी दासता से मुक्त कराने के लिए सक्रिय बनते, अकाल और बाढ़ पीड़ितों की सेवा में अपने को आगे करते तो आज इनके प्रति शिक्षित समाज में जो घृणा की भावना फैल रही है, न फैलती। आज के संन्यासी सही माने में उन कामरेड कवियों के बड़े भाई हैं जो साहित्य में प्रगतिवादी हैं और जीवन में 'अवगतिवादी'। आज जबकि राष्ट्र की आवश्यकता इस बात की है कि अधिक उत्पादन बढ़ाएँ, देश की आर्थिक समस्या को ठीक करें और ज़ोर-शोर के साथ उन सभी संकटों का मुक़ाबला करें जिसके कारण हमारा मुल्क अन्य देशों से पिछड़ा हुआ है, यहाँ ये मुफ़्त की रोटी खा-खाकर जनता में अवास्तविक धर्म का इंजेक्शन देकर उन्हें और भी बेकार बना दे रहे हैं।

मेरा मतलब यह नहीं कि सम्पूर्ण साधु-समाज दोषी है। आज भी अनेक लोग जनसेवी हैं। जनता की सेवा में ही उनका जीवन बीत रहा है। उदाहरण के लिए स्वामी दयानन्द, रामकृष्ण, विवेकानन्द, स्वामी श्रद्धानन्द, काष्ठजिह्वा स्वामी, तैलंग स्वामी और कीनाराम बाबा आदि महात्माओं ने जनता जनार्दन की जो सेवाएँ की हैं, उनकी कहानी बन गयी है। ऐसे अनेक संन्यासी आज भी जनता की सेवा में संलग्न हैं जिनका हमें नाम तक नहीं मालूम। लेकिन एक मछली तालाब को गन्दा बना देती है और गेहूँ के साथ घुन भी पीसा जाता है। ठीक यही हाल भारतीय संन्यासियों का है।

भारत को राहत मिले

भारत में भरती के इन संन्यासियों ने मठ-मन्दिर और अखाड़े इतने बेशुमार बनाये हैं कि यदि उन्हें किराये पर उठा दिया जाए तो नागरिकों की गृह समस्या हल हो जाए। उनसे प्रवचन सुनने की जगह उन्हें नहर-बाँध अथवा पंचवर्षीय योजना के अन्य कार्यों में लगा दिया जाए तो वित्तमन्त्री की हर साल टैक्स बढ़ाने की आदत छूट सकती है। अगर इनसे खेती करवाई जाए तो हमें विदेशों से अन्न न मँगाना पड़े। अगर इनसे सेवाकार्य लिया जाए तो भारतीय नागरिकों का स्वास्थ्य स्तर ऊँचा हो जाए, डॉक्टरों की लम्बी फीस से राहत मिले और इन सबके साथ बनारस के सर पर सही-ग़लत तरीके से लगाया जानेवाला कलंक का टीका हमेशा हमेशा के लिए धुल जाए।

अगर ये लोग चेला बनाकर ही सन्तुष्ट होते तो ठीक था। लेकिन चेलाओं के साथ चेलियों की भी अच्छी ख़ासी पलटन तैयार है। इनका जमावड़ा भंडारे में देखने में आता है। आश्चर्य है कि परिवार नियोजन के इस युग में संन्यासियों की इतनी बड़ी संख्या रहते हुए भी भारत की जनसंख्या बढ़ती ही जा रही है।

आज का संन्यास धर्म इतना सस्ता हो गया है कि स्कूल-कॉलेज के बच्चे, जो गरीब हैं और फैन्सी ड्रेस प्रतियोगिता में भाग लेना चाहते हैं, वे अधिकतर संन्यासी बनते हैं।

बनारसी गुरु

देश के विभिन्न भागों में लोग एक दूसरे को पुकारते समय मिस्टर, मोशाय (महाशय), स्वामी, श्रीमान्, जनाब, हजूर, सरदारजी और सरकार आदि सम्बोधनों का प्रयोग करते हैं। चूँकि बनारस में हर प्रान्त के निवासी रहते हैं इसलिए ये सभी सम्बोधन शब्द यदा-कदा सुनाई पड़ते हैं। लेकिन इन सम्बोधनों के अलावा कुछ विशेष सम्बोधन यहाँ अधिक प्रचलित हैं जो बनारसियों के लिए परम प्रिय हैं ही—उनके बिलकुल अपने हैं खालिस बनारसी! 'राजा', 'मालिक', 'सरदार' और 'गुरु' ये ऐसे सम्बोधन हैं जो बनारस के सिवा अन्यत्र सुनाई नहीं देंगे। सच पूछिए तो इन सम्बोधनों में जो रस है, वह प्रान्तीयता-जातीयतावादी सम्बोधनों में दुर्लभ है। इसके अलावा एक और सम्बोधन है—'का हो!' इस सम्बोधन का प्रयोग तभी होता है जब आगे जानेवाला व्यक्ति परिचित है या नहीं, यह भ्रम उत्पन्न हो जाए। इस सम्बोधन को सुनते ही प्रत्येक बनारसी एक बार पीछे मुड़कर पुकारनेवाले को देखेगा। परिचित हुआ तो कोई बात नहीं, वरना अपनी राह चल देगा। 'राजा' और 'मालिक' सम्बोधन हर वर्ग के व्यक्ति अपने समवयस्कों के लिए प्रयोग करते हैं। कुछ ऐसे भी लोग हैं जिनका 'सभ्यता' से ज़रा घनिष्ठ सम्बन्ध है, उन्हें ऐसे सम्बोधन अरुचिकर और भोंड़े लगते हैं। लेकिन सच्चा बनारसी इन सम्बोधनों पर कुर्बान हो जाता है। उसके लिए मिस्टर, जनाब से कहीं अधिक अपनत्व और रसपूर्ण ये सब सम्बोधन हैं। उदाहरण के लिए 'सरदार' सम्बोधन को ही लीजिए। यह सम्बोधन यहाँ के अहीरों के लिए रिज़र्व है। यदि कल्लू अहीर को मिस्टर कल्लूराम या जनाब कल्लूप्रसाद कहें तो एक बारगी आपको सर से पैर तक इस तरह देखेगा, मानो आपने भारी बदतमीज़ी की है। उसकी शान में बट्टा लगा रहे हैं। ठीक इसी प्रकार 'गुरु' सम्बोधन यहाँ के ब्राह्मणों के लिए रिज़र्व है। चाहे वह पौसरे पर बैठकर पानी पिलानेवाला हो या पान का दुकानदार, कथावाचक हो या

वेदपाठी, सभी 'गुरु' हैं। अगर किसी 'गुरु' को आपने मिस्टर पांडेय या बाबू शुक्ल जी सम्बोधित कर दिया तो उसे लगेगा, जैसे आपने उसे बीच बाज़ार में झापड़ लगा दिया हो। सम्भव है आपके नमस्कार करने पर आशीर्वाद देना तो दूर रहा, वह रुख़ भी न मिलाये। लेकिन उसी जगह यदि आप 'पालागी गुरु' कहिए तो वे तुरन्त शहद की तरह मीठे हो जाएँगे और महात्मा बुद्ध की भाँति मुद्रा बनाकर आशीर्वाद देते कह उठेंगे—"मस्त रहऽ बाट तऽ मजे में?"

बनारस में गुरुओं का बहुत बड़ा वर्ग है। हर मेल के, हर टाइप के गुरु यहाँ हैं। इनमें कौन छोटा है, कौन बड़ा है इसका निर्णय करना कठिन है। कौन कितना महान है, किसमें कितनी प्रतिभा छिपी हुई है—यह उतना ही गूढ़ विषय है जितना आज की नयी कविता में भाव।

गुरु के अनेक रूप

साधारणतः गुरु शब्द से जो तात्पर्य समझ में आता है उसके कई रूप हैं। आज से नहीं मनु महाराज के युग से गुरु उस व्यक्ति को कहा जाता है जो विद्यादान देता है। प्राचीन काल में गुरु लोग छात्रों को विद्यादान देते थे, कुल-पुरोहित का कार्य करते थे और राजकार्य में सहायता करते थे। जिस प्रकार आजकल ग़ैर-सरकारी संस्थाओं में क्लर्कों के जिम्मे काफी काम लदे रहते हैं, उसी प्रकार प्राचीन काल में गुरुओं के जिम्मे देश-समाज के अनेक कार्य लदे रहते थे। इसीलिए उनका प्रभाव बहुत व्यापक होता था। वे खिजलाकर कभी राजकुमारों को चपत लगा दिया करते थे। कभी ज्ञान-दंड से, कुंठित बुद्धि वाले छात्रों की बुद्धि को कोंचते थे। पानी भरवाना, खेत जोतवाना, पैर दबवाना और जंगल से काटकर लकड़ी मँगवाना तो साधारण बात थी। आजकल विद्यादान करनेवाले गुरु ज़रा कुछ ऊपर उठ गये हैं। अब वे प्रोफ़ेसर और मास्टर साहब हो गये हैं। इसलिए उनका प्रभाव घट गया है, या उन्हें यह सुविधा प्राप्त नहीं है।

कुल-पुरोहित तथा कथावाचकों का एक अलग दल बन गया है। हवन-यज्ञ तो होते ही नहीं, क्योंकि आजकल भारतीय इतना खाने लगे हैं कि विदेशों से अन्न मँगाना पड़ रहा है। शुद्ध घी तो आँखों में लगाने को नहीं मिलता। डालडा तक ढाई रुपये का सेर भर मिलता है। फिर कौन यज्ञ-हवन करे!

धनुषबाण के युग में छात्रों को अश्वत्थ और वट वृक्ष के नीचे शिक्षा दी जाती थी। लेकिन एटम के युग में वह युनिवर्सिटी, कॉलेज और स्कूलों में दी जाने लगी है। ऐसे गुरुओं के बनारस में दो वर्ग हैं। एक वे जो सरकारी संस्थाओं में पढ़ाते

हैं, दूसरे वे जो अपने घरों में मृतभाषा (संस्कृत) पढ़ाते हैं। घर में पढ़नेवाले छात्र संयमी होते हैं, वे अपने गुरुओं का आदर करते हैं भले ही वह अभिनय हो। अन्य गुरुओं की, ख़ासकर जो प्रश्न-पत्र पर नम्बर देते हैं उनकी, जान ख़तरे में रहती है। इसीलिए आजकल बीमा कम्पनियों की गोटी लाल हो रही है। घर पर पढ़नेवाले छात्रों को सरकारी नौकरी नहीं मिलती, केवल कथा वाचना, विवाह, अनुष्ठान आदि करना, तीर्थ-पुरोहित बनकर संकल्प लेना और पोथी-पत्र देखकर जीवन का भविष्य बताना इनका मुख्य पेशा है।

कलाकार गुरु

गुरुओं का दूसरा वर्ग है जिन्हें कलाकार कहा जाता है। वे अपने चेलों को हुनर सिखाते हैं। इन्हें गुरू (गुरु नहीं) या उस्ताद कहा जाता है। ये गुरू अपने चेलों को चित्रकला सिखाएँ या चौर्यकला! दस्तकारी सिखाएँ या हाथ की सफाई। सभी 'कला' की श्रेणी में आ जाते हैं। चूँकि ऐसे गुरुओं में सभी वर्ग के लोग उस्ताद या गुरू बन जाते हैं, इसलिए इन्हें राष्ट्रीय गुरू क़हा जाता है।

तीसरे किस्म के गुरु ज़रा रजिस्टर्ड किस्म के होते हैं, जिनका आम पेशा है—कान में मन्त्र फूँककर चेला-चेलियों की फ़ौज तैयार करना। ये गुरु पूर्णिमा के दिन पाद-पूजा करवाकर सालभर का राशन एकत्रित करते हैं। कभी सत्संग के नाम पर तो कभी वर्षा-वास के नाम पर चेला-चेलियों के यहाँ अड्डा जमाकर उन्हें कृतार्थ करते हैं। इनमें कुछ गुरु ऐसे भी हैं जो धर्मशाला, पाठशाला और औषधालय के निर्माण के नाम पर 'टूर' करते रहते हैं।

लेकिन सच पूछिए तो बनारसी गुरु ज़रा अलग किस्म के होते हैं। वे इन सब हथकंडों से दूर रहते हैं। उन्हें अपना सम्मान सबसे अधिक प्रिय होता है। आज भी बनारस में ऐसे गुरुओं की संख्या कम नहीं है जो दूसरों के यहाँ भोजन नहीं करते, मृतक भोज में सम्मिलित नहीं होते और साधारण दान नहीं लेते।

प्राचीन काल में गुरु और सरदार दोनों ही बनारस की नाक समझे जाते थे। आनेवाले हर बाहरी संकटों में मुकाबला करना ही इनके जीवन का मुख्य ध्येय था। नेतृत्व का सारा भार गुरुओं पर था। उनके एक इशारे पर जान पर खेल जानेवाले अनेक सरदार होते थे। खाली समय में गुरु लोग छात्रों को पढ़ाने के बाद अखाड़ों में पट्ठों को तैयार करते थे। उन्हें युद्ध-कौशल सिखाया करते थे। लाठी, गड़ांसा, बल्लम, तलवार आदि अस्त्रों का चलाना तथा युद्ध में व्यूह रचना सिखाया करते थे। देश-समाज में अमन-चैन कैसे रखा जाय इसकी नीति बताया करते थे।

जो गुरु जितना प्रभावशाली होता था उसके पीछे उतने ही पट्ठे 'सेंगरी' लिये चला करते थे। इन्हें सामने से आते देख बड़े-बड़ों की धोती ढीली हो जाती थी। लोगों की निगाहें गुरु के कदमों को चूमा करती थीं। अपनी शक्ति पर धमंड करनेवाले बड़े-बड़े 'बारहां' भी गुरु के आगे भीगी बिल्ली बन जाते थे। अर्थ-लोभ के कारण उन्होंने न तो कभी अन्याय-अत्याचार को प्रोत्साहन दिया और न किसी गरीब-बेकस को सताया। किसी में इतनी हिम्मत नहीं थी कि वह घर या बाहर किसी प्रकार का अनाचार करे। गुरु के एक इशारे पर किसी के धड़ से सर अलग हो जाना मामूली बात थी। आज वह युग नहीं रहा। न्याय करने और दंड देने का अधिकार सरकार के हाथों में है। फिर भी उस परम्परा को जीवित रखने के लिए नागपंचमी के दिन अखाड़ों में दंगल और होली के दिन मीरघाट पर धर्मयुद्ध का नाटक खेला जाता है। निर्जला एकादशी के दिन उस पार कबड्डी में कुछ लोग हाथ-पैर तोड़वा आते हैं।

बनारस में गुरु कहलाने का एकमात्र अधिकार ब्राह्मणों को है, चाहे वह किसी वर्ग का ब्राह्मण क्यों न हो। जिस प्रकार दफ़्तरों में बड़े बाबू अपने सहकारियों से इस बात की आशा करते हैं कि उन्हें देखते ही लोग एक किनारे से ही उन्हें नमस्कार करने लगेंगे और कुर्सी छोड़कर खड़े हो जाएँगे, ठीक उसी प्रकार बनारसी गुरु भी सभी परिचित यजमानों से 'पालागी गुरु' का कांक्षी होता है। यह उनका जातीय हक़ है। आज भी बनारस में कई ऐसे गुरु हैं जिनसे गाली सुनने और तिथि तारीख़ आदि जानने की गरज से कुछ लोग उन्हें नमस्कार करते हैं।

गुरुओं की महत्ता

कौन गुरु कितना महान है, इसकी साधारण जानकारी आप सिर्फ दो बातों से कर सकते हैं। भोजन और भाँग। जो गुरु जितना डटकर भोजन करता है, उसी अनुपात में वह भाँग छानता है। भोजन के लिए चौचक प्रबन्ध भले ही न हो पर भाँग के लिए जरूर चाहिए। फिर जब गुरु भाँग छान लेते हैं तब इस तरह वे भोजन करने लगते हैं, मानो अब एक हफ्ते तक उन्हें भोजन नहीं करना है।

साधारणत: गुरु लोग सफेद धोती, एक चद्दर और एक लाल गमछा कन्धे पर डाले बनारस की गलियों में चलते-फिरते दिखाई देते हैं। मस्तक पर चन्दन का तिलक, गले में लहराता हुआ यज्ञोपवीत, हाथ में पूजनसामग्री अथवा पोथी-पत्रा लिये रहते हैं। कुछ गुरु लोग 'सेंगरी' (तेल पीकर लाल बनी लाठी) लेकर भी चलते हैं। इनकी चाल में जितनी मज़बूती रहती है, उतनी ही मस्ती भी। चप्पल

या बूट पहनना वे पसन्द नहीं करते। कपड़ेवाला जूता या चमरौधा जिसमें नाल जड़े हों—वे अधिक पसन्द करते हैं। विशाल काया, जिसे देखते ही बच्चे सहम जाते हैं, मटके की भाँति तोंद, जो न जाने कितना आसव अरिष्ट और पकवान खाकर फूलती है, भव्य मुख पर छोटी-घनी मूँछें और विजया के मद में डूबी लाल आँखें देखते ही लोगों का माथा श्रद्धा से झुक जाता है, जैसे आती हुई गाड़ी को देखकर सिगनल झुक जाता है। जाड़ा हो या बरसात, पर गुरु लोग कोट-पतलून पहनना पसन्द नहीं करते। नंगे बदन रहना, थोड़े में सन्तुष्ट हो जाना उनकी सबसे बड़ी विशेषता है। याद रखिए यह युग प्रचार का है। विज्ञापन के जरिये आज बहुत-सी वस्तुओं का उपयोग कैसे किया जाता है—हमने सीखा है। ठीक उसी प्रकार पोशाक-आकृति या टीम-टाम से आप बनारसी गुरुओं को पहचानने में गलती न कर बैठें। जिस ब्राह्मण को आप कोरा ब्राह्मण समझ रहे हों, मुमकिन है कि वह कई विषयों का आचार्य हो। इसके विरुद्ध तेजस्वी लगने वाले ब्राह्मण अँगूठा लगाकर हस्ताक्षर करते हों। यद्यपि ये दोनों प्रकृतिवाले यहाँ गुरु माने जाते हैं और दोनों ही पूज्य हैं, लेकिन यजमानों में श्रद्धा अलग-अलग किस्म से उत्पन्न होती है। जो गुरु जितना महान होगा वह उतना ही 'अजगर प्रवृत्ति' का होगा। ऐसे गुरु अपनी सारी प्रतिभा अपने साथ लिये चले जाते हैं। इन्हें न तो मौका दिया जाता है और न लोग इनकी विद्वत्ता ही जान पाते हैं। नतीजा यह होता है कि उचित सम्मान न पाने के कारण वे स्वाभिमानी बन जाते हैं और धीरे-धीरे यह स्वाभिमान हठ का रूप धारण कर लेता है।

इसके विरुद्ध रंग गाँठनेवाले या महापंडित लगनेवाले पंडित समाज में आदरणीय बने रहते हैं। सच पूछिए तो ऐसे गुरु सिर्फ कमाने-खाने वाले होते हैं। इनकी महत्ता विशेष नहीं होती। लेकिन विद्वान गुरुओं से कहीं अधिक इनका रंग रहता है।

विद्वान पंडित कभी रंग गाँठने का प्रयत्न नहीं करता। वह बहुत ही भोला-भाला सीधा-सादा प्रकृति का होता है।

पंडित समाज

बनारस में गुरुओं की एक जमात है जिसे 'पंडित समाज' कहा जाता है। गुरुओं का असली रूप इस समाज में देखने को मिलता है। जब दो गुरु संस्कृत में झाँव-झाँव करने लगते हैं तब एक अजीब नज़ारा देखने में आता है। लगता है अब शीघ्र ही मल्ल युद्ध देखने को मिलेगा। सभापति और अन्य पंडित मौन मज़ा लेते रहते हैं। आखिर जब एक पंडित थक जाता है तब दूसरा उससे वाक्-युद्ध करने के

लिए उठ खड़ा होता है, फिर प्रत्येक गुरु कछुए की तरह गर्दन बढ़ाकर इस तरह लड़ने लगता है, मानो भीषण मारपीट की नौबत आ गयी हो। इस प्रकार बनारसी गुरुओं की गुरुआई प्रकट होती है। इन गुरुओं की साख सिर्फ बनारस में ही नहीं, समूचे भारत में हैं। जिस बात को ये अस्वीकार कर दें, उसकी मान्यता भारत में हो ही नहीं सकती। भारत के महामान्य राष्ट्रपति डॉक्टर राजेन्द्रप्रसाद ने भी इन गुरुओं का सम्मान पैर धोकर किया है।

इन गुरुओं की जमात बुलाना साधारण बात नहीं। बहुत सोच-समझकर और आवश्यकता को समझते हुए ये लोग एकत्रित होते हैं। ये सिर्फ देश-समाज व आसन्न संकट का फैसला करने के लिए एकत्रित होते हैं। इनका फ़ैसला अटल होता है। इनके आने की एक लम्बी फीस बुलानेवालों को चुकानी पड़ती है। आज से नहीं, बहुत दिनों से इनकी एक फीस निश्चित है—उस पर मँहगाई, अलाउंस या बोनस का रंग नहीं चढ़ा है। और न डॉक्टरों की भाँति सीनियारटी-जूनियारटी के हिसाब से इनकी फीस घटती-बढ़ती है। हमेशा एक रेट। जिस वक़्त ये लाउडस्पीकर के सामने खड़े होकर भाषण देने लगते हैं, लाउडस्पीकर का दिवाला पिट जाता है। बिना लाउडस्पीकर के ही ये हज़ार-दो-हज़ार की भीड़ में गरजते रहते हैं।

गुरु पूर्णिमा के दिन गुरुओं का बढ़ा रंग रहता है। उस दिन बनारस के हर गुरु पूजे जाते हैं।

अत्युक्ति का दोष न दें तो मुझे यह कहने में संकोच नहीं कि हर बनारसी अपने को 'गुरु' समझता है।

बनारस के कलाकार

काशी जितनी महान नगरी है, उतने ही महान यहाँ के कलाकार हैं। जिस नगरी के बादशाह (शिव) स्वयं नटराज (कलागुरु) हों, उस नगरी में कलाकार और कला पारखियों की बहुलता कैसे न हो? बनारस का लँगड़ा इंडिया में 'सरनाम' (प्रसिद्ध) है, ठीक उसी प्रकार बनारस का प्रत्येक कलाकार अपने क्षेत्र में 'सरनाम' है। बनारस में यदि कलाकारों की मर्दुम-शुमारी की जाए तो हर दस व्यक्ति पीछे कोई-न-कोई एक संगीतज्ञ, आलोचक, कवि, सम्पादक, कथाकार, मूर्त्तिकार, उपन्यासकार, नाट्यकार और नृत्यकार अवश्य मिलेगा। पत्रकार तो खचियों भरे पड़े हैं। कहने का मतलब यह कि यहाँ का प्रत्येक व्यक्ति कोई-न-कोई 'कार' है, बेकार भी अपनी मस्ती की दुनिया का शासक-सरकार है।

काशी ही एक ऐसी नगरी है जहाँ प्रत्येक गली-कूँचे में कितने महान और अन्तर्राष्ट्रीय ख्यातिप्राप्त कलाकार बिखरे पड़े हैं। सब एक-से-एक दिग्गज और विद्वान हैं। इनका पूर्ण परिचय समाचार पत्रों, मकानों में लगी 'नेमप्लेटों' और लेटरपैड पर छपी उपाधियों से ज्ञात होता है।

संगीतज्ञ

अब आप ही बताइए भारत को बिस्मिल्ला ख़ाँ जैसे अन्तर्राष्ट्रीय ख्याति का कलाकार किसने दिया? भारत प्रसिद्ध सितारिया मुश्ताकअली ख़ाँ को किसने जन्म दिया? किसी ज़माने में माने जाने वाले 'ठुमरी के बादशाह' जगदीप जी को किसने बढ़ावा दिया? भारत प्रसिद्ध तबला वादक कंठे महाराज (जिनके हाथों को उस्ताद फैयाजअली ख़ाँ ने चूम लिया था) जैसे कलाकार को किसने पनपाया?

बनारस के शिवा-पशुपति अपने ज़माने के धुरन्धर गायक रह चुके हैं। यों दोनों सहोदर भाई ध्रुपद अंग के गायक थे। केवल ध्रुपद-धमार ही नहीं, ख्याल

और टप्पा गाने में भी बेजोड़ रहे। काशी के इन कलाकारों का व्यापक प्रभाव नेपाल से बंगाल तक पड़ा। बनारस तो 'पूर्वी बाज' का हमेशा से केन्द्र रहा है। काशी के बड़े रामदास और छोटे रामदास की गणना भारत के उच्च कोटि के गायकों में की जाती है। संगीत के हर अंग और हर ताल के वे माने हुए विशेषज्ञ हैं। ठुमरी के कलाकारों में श्री जगदीपजी और मुईजुद्दीन ख़ाँ की चर्चा आज भी होती है। रसूलन बाई, सिद्धेश्वरी देवी और श्रीमती गिरिजा देवी ठुमरी गायिकाओं में अखिल भारतीय स्थान रखती हैं।

तबले के 'बनारस बाज' के प्रवर्तक रामसहायजी काशी की ही विभूति रहे। कहा जाता है कि उनकी वादनशैली से प्रभावित होकर नवाब वाजिदअली शाह ने सवा लाख रुपया नगद और चार हाथी पुरस्कार स्वरूप भेंट किये थे। वर्तमान तबला वादकों में श्रीकंठे महाराज, गोदई (शामता प्रसाद) और किशन महाराज प्रमुख हैं। श्री आशु बाबू तबला मर्मज्ञ ही नहीं, बल्कि काशी के सर्व संगीत मर्मज्ञ भी हैं। श्री अनोखे लाल काशी के बेजोड़ कलाकार रहे। अभी हाल ही में उनका स्वर्गवास हो गया है।

संगीत की भाँति कत्थक नृत्य के लिए प्राचीन काल से ही काशी नगरी एक विशिष्ट केन्द्र मानी गयी है। काशी की नृत्य शैली पर लखनऊ घराने का प्रभाव है। वर्तमान समय में काशी के घराने ने इस कला को बहुत प्रोत्साहन दे रखा है। इस घराने के कलाकारों की ख्याति भारत में ही नहीं, अपितु देश-विदेशों तक पहुँच गयी है। इस घराने में शुकदेव महाराज और उनके पुत्र कृष्ण प्रसाद नृत्यकला के आचार्य माने जाते हैं। आज भी इस घराने में चौबे, सितारा, अलकनन्दा और गोपीकृष्ण जैसे ख्यातिप्राप्त कलाकार हैं। काशी निवासी संगीत-नृत्य में कितनी दिलचस्पी लेते हैं, यह सिर्फ इसी से जाना जा सकता है कि यहाँ 'संगीत-समाज' और 'संगीत-परिषद्' जैसी संस्थाएँ भारत के सभी ख्यातिप्राप्त कलाकारों की कलाओं का प्रदर्शन नागरिकों के सम्मुख यदा-कदा उपस्थित करती हैं।

अब तो हालत यह है कि स्टुडियो में फ़िल्म बनती हैं और काशी के दुधमँहे बच्चे भी 'तन डोले मन डोले' आदि विभिन्न फ़िल्मों के गीत गली-कूँचे में गाते फिरते हैं।

चित्रकार

काशी में कुछ स्थान दर्शनीय हैं और कुछ व्यक्ति भी। यदि इन व्यक्तियों का दर्शन न किया गया तो काशी-दर्शन का पुण्य तो दूर रहा—बनारस को समझने में भी

कठिनाई होती है। काशी के दर्शनीय व्यक्तियों में श्रीकेदार शर्मा ऐसे ही एक हैं। लोग अपना परिचय और उपाधि लेटरपैड पर छपवाते हैं अथवा दरवाज़े पर 'नेमप्लेट' के साथ फिट कर देते हैं। शर्माजी का निराला साइनबोर्ड देखकर बिना सींग-पूँछवाले भड़क जाते हैं, क्या शर्माजी ने अपना निजी चित्र बाहर टाँग रखा है? क्या ऐसी ही उनकी शक्ल है? सच पूछिए तो यह एक हँसमुख और निराली काशी के निराले चित्रकार का डाक बँगला है—इस बात का यह प्रगतिशील विज्ञापन है। केदारजी सही माने में खाँटी बनारसी हैं और यही वजह है कि उनकी कलम से असली बनारसी जीवन की झलक अंकित होती है।

शर्माजी के शिष्यों में स्वर्गीय श्रीरमाकान्त कंठाले, श्रीकेशव दुवाड़ी, कार्टूनिस्ट वीरेश्वर और बैजनाथ आदि हैं।

काशी में लखनऊ स्कूल के कलाकारों में श्री एम.एन. चड्ढा, अम्बिकाप्रसाद दुबे और इनके शिष्य कर्णमान सिंह तथा दर्शनजी उल्लेखनीय हैं। श्री चड्ढा काशी के असाधारण कलाकार हैं।

श्री मनोरंजन कांजिलाल काशी के श्रेष्ठ चित्रकारों में हैं। आपकी प्रतिभा बहुमुखी है। इधर आपकी ख्याति कार्टूनों के सम्बन्ध में विदेशों में पहुँच-पैठ करने लगी है।

टैगोर शैली के कलाकारों में शारदा उकील और रणदा उकील को नहीं भुलाया जा सकता। श्रीनन्दलाल वसु के दो शिष्य श्रीशान्ति वसु और मन्मथदास काशी के श्रेष्ठ कलाकारों में हैं।

काशी शैली के प्रवर्तकों में श्रीरामचन्द्र शुक्ल तथा महेन्द्रनाथ सिंह उल्लेखनीय हैं। शुक्लजी चित्रकार से अधिक चित्रकला के पारखी और लेखक हैं।

काशी के उभरते हुए कलाकारों में श्रीगोपेश्वर, मधुर, शिवराज, इब्राहिम 'भारती' विभूति और विश्वम्भरनाथ त्रिपाठी आदि प्रमुख हैं।

मूर्तिकार

बंगाल और मथुरा के बाद उत्तर भारत में काशी की मूर्तिकला अधिक लोकप्रिय है। यों काशी के कुछ मेलों में काशी की लोककलाओं के दर्शन होते हैं, परन्तु काशी के कुम्हार जाति के लोग इस कला के प्रमुख कलाकार हैं। इनकी भित्ति चित्रकला भी काशी की लोक-कला में प्रमुख स्थान रखती है।

काशी के मूर्तिकारों में महादेवप्रसाद, गिरिजाप्रसाद, पशुपति मुखर्जी और पाँचू गोपाल प्रमुख हैं।

साहित्यकार

काशी की मिट्टी का ऐसा प्रभाव है कि राज्यपाल (अब्दुर्रहीम खानखाना) से लेकर गो-पाल (महान जनकवि बिहारी) तक यहाँ आकर मुखरित हो उठे। डाकू, महामुनि, महापंडित, वैरागी, जुलाहा, मोची और रईस—सभी वर्गों के लोग काशी की मिट्टी में पलकर साहित्यिक बन गये। अगर आपको इन बातों पर एतबार न हो तो तवारीख़ उलटकर देख सकते हैं।

धार्मिक क्षेत्र होने के कारण काशी में हज़ारों यात्री धन की गठरी लिये पुण्य की गठरी लूटने चले आते थे। इस बात का पता वाल्मीकि जी को लग चुका था। वे यहाँ के जंगलों में उन गठरियों को खाली करते रहे। पता नहीं, नारदजी को क्या सूझा कि उन्होंने ऐसे तिकड़म में उन्हें उलझाया कि वे पेशा छोड़ बैठे। हाँ, हमेशा के लिए अमर जरूर हो गये। 'उल्टा नाम जपा जग जाना, वाल्मीकि भये ब्रह्म समाना।'

बनारसवाले विद्वानों का हमेशा से उचित सम्मान करते आये हैं, लेकिन रंग गाँठने वालों को गर्दनियाँ देने से बाज नहीं आते। आज भी यही स्थिति है, यही वजह है कि प्रतिभावान कलाकार यहाँ आकर यहाँ के बन जाते हैं।

वेदव्यास को घमंड था कि उन्होंने शंकर के पुत्र से क्लर्की करवायी है, इसलिए वे भी महान हैं। बनारसवालों से उनका 'रंग गाँठना' देखा नहीं गया। नतीजा यह हुआ कि उन्हें गंगा उसपार जंगल में छोड़ आये, जहाँ मरने पर शीतला वाहन होना पड़ता है। यकीन न हो तो शीतला मन्दिर से सीधे उसपार जाकर उनसे भेंट कर सकते हैं।

जहाँ का चांडाल शंकराचार्य जैसे महात्मा को ब्रह्मज्ञान दे सकता है, वहाँ के ऊँचे कलाकार कितने महान होंगे, इसका अनुमान आप स्वयं कर सकते हैं। कहा जाता है, महामुनि पतंजलि जब बनारस आये थे, तब यहाँ के गुरुओं ने उन्हें इतनी गहरी बूटी दे दी कि उन्होंने तुरत नागकूप पर बैठे-बैठे व्याकरण महाभाष्य लिख डाला। बनारस में लोग मुक्ति पाने की गरज से मरने के लिए आते थे, साथ में अजीबो-गरीब बीमारियाँ लाते थे। इन बीमारों को देखकर महाराज दिवोदास (जिन्हें धन्वन्तरि भी कहा गया है) का दिल 'टेघर' (पिघल) गया और उन्होंने जड़ी-बूटियों वाली पोथी (आयुर्वेद) लिख डाली।

गोस्वामी तुलसीदास अयोध्या में बैठे-बैठे रामायण लिख रहे थे। अचानक उनका मूड बिगड़ा और फिर नहीं जमा। कहा तो यहाँ तक जाता है कि अयोध्या

में रहकर भी अयोध्या कांड वे नहीं लिख सके। इसका प्रत्यक्ष प्रमाण अयोध्या कांड का प्रथम श्लोक है। शंकर के दरबार में रहकर पहले उनकी वन्दना न कर रामायण की गाड़ी आगे बढ़ाना उनके लिए सम्भव नहीं था। बाबा का माल खाकर नानी का घर आबाद रहे, कैसे कहते? आज तो हालत यह है कि कितने प्रकाशक, टीकाकार और कथावाचक उनके नाम पर नून-रोटी खा रहे हैं। संसार में बाइबिल के बाद सबसे अधिक विक्रय वाली पुस्तक रामायण मानी गयी है। तुलसीदास जी आज अगर जीवित होते तो उन्हें भारतरत्न की उपाधि, लेनिन शान्ति पुरस्कार और नोबुल पुरस्कार तो मिलता ही, साथ ही रायल्टी की कितनी रकम मिलती और उस पर उन्हें कितना इनकम टैक्स देना पड़ता—राम जाने।

कबीरदास जी पैदा हुए हिन्दू के औरस से और पले मुसलमान के घर। वे सचमुच हिन्दू रहे या मुसलमान, इसका निर्णय उनके जीवनकाल में नहीं हो सका। फलस्वरूप इन दोनों सम्प्रदायवालों को उल्टी-सीधी वाणी में गाली देते रहे। वही गालियाँ हिन्दी साहित्य में रहस्यवादी कविता बन गयीं। कहने का मतलब जो चीज समझ में न आये वह रहस्यवादी है। इनकी कविता से प्रेरणा लेकर रवीन्द्रनाथ कविगुरु और महादेवी वर्मा सर्वश्रेष्ठ कवयित्री बन गयीं।

रैदास जी सड़क की किसी पटरी पर बैठे टूटे चप्पल-जूते सीते रहे और मन की मौज में कुछ गुनगुनाते रहे। आख़िर बनारसी पानी का असर उन पर क्यों न होता! उनका गुनगुनाना बनारस वालों के निकट 'भक्त रैदास की वाणी' बन गयी।

राजनीति में चर्चिल का, साम्यवाद में लेनिन का, विज्ञान में आइंस्टीन का, दाल में हींग का और चूरमा में चीनी का जितना महत्त्व है, उतना ही वर्तमान हिन्दी में भारतेन्दुजी का। काशी को इस बात पर गर्व है कि उसने आधुनिक हिन्दी के जन्मदाता को अपने यहाँ जन्म दिया जो किसी बादशाह से कम नहीं था। जिसकी देन को हिन्दी जगत् तब तक याद रखेगा जब तक एक भी हिन्दी भाषा-भाषी मौजूद रहेगा।

भारतेन्दुजी के समकालीन साहित्यिकों में बाबा दीनदयाल गिरि, काष्ठ जिह्वा स्वामी, सरदार कवि, लच्छीराम कवि, पं. दुर्गादत्त, हनुमान, सेवक, पं. ईश्वरदत्त, राजा शिवप्रसाद 'सितारे हिन्द', चैतन्यदेव, रामकृष्ण वर्मा, कार्त्तिक प्रसाद खत्री, महामहोपाध्याय सुधाकर द्विवेदी, प्रतापनारायण मिश्र और बाबू राधाकृष्ण आदि थे।

इसके बाद तो काशी हिन्दी साहित्य का गढ़ हो गया। गद्य साहित्य के लेखकों में किशोरी लाल गोस्वामी, रामदास गौड़, बाबू श्यामसुन्दरदास और पं. रामनारायण मिश्र की सेवाएँ अमूल्य हैं।

लाखों अहिन्दी भाषा—भाषियों को हिन्दी सीखने के लिए पेनिसिलिन का इंजेक्शन देनेवाले बाबू देवकीनन्दन खत्री काशी की ही विभूति रहे। काशी का लमही ग्राम उस दिन से अमर हो गया जिस दिन यहाँ उपन्यास सम्राट् प्रेमचन्दजी ने जन्म लिया।

ब्रजभाषा के अन्तिम कवि जगन्नाथ प्रसाद 'रत्नाकर' और छायावाद के प्रवर्तक प्रसादजी काशी की गलियों में आँखमिचौनी खेलते रहे। हिन्दी की सर्वश्रेष्ठ और सर्वप्रथम कहानी 'उसने कहा था' काशी की ही देन है।

मेरी नज़रों में हिन्दी में तीन सर्वश्रेष्ठ कथाकार हैं। स्वर्गीय बलदेव प्रसाद मिश्र, द्विजेन्द्र प्रसाद मिश्र 'निर्गुण' और राधाकृष्ण। इनमें प्रथम दोनों काशी की ही विभूति हैं। यों तो काशी में कथाकारों का पूरा स्टाक भरा है, उनमें कौन कितना महान है, यह बताना मुश्किल है। उनकी महानता का पता उनकी रचनाओं में नहीं लगता, बल्कि चाय-चुस्कियाँ लेते हुए जब वे अपने बारे में बताना शुरू करते हैं तब श्रोताओं को उनकी महानता ज्ञात होती है। सभी अपने को गोर्की, चेखव, मोपांसा, लारेन्स, कुप्रिन, माम, हेनरी और प्रेमचन्द समझते हैं। कुछ लोग तो ठोंक-पीटकर गदहों को घोड़ा बनाते हैं, यानी अनाड़ियों को लेखक बना देते हैं। इधर नये लेखक भी ऐसे बेरहम हैं कि जहाँ उनकी रचना कहीं छपी बस वे अपने को गुरु समझने लगे। कहने का मतलब—

अक्षोहिणियाँ स्रष्टाओं की, चेले कम उस्ताद बहुत हैं।
तिकड़म के बल पर बन जाने वाले कपिल कणाद बहुत हैं॥
ग्रन्थों की संख्या विशाल है सर्जन कम, उन्माद बहुत हैं।
है स्वतन्त्रता, भाई साहब! देने वाले दाद बहुत हैं॥

काशी के वर्तमान कथाकारों में वयोवृद्ध श्रीविनोद शंकर व्यास, रुद्र काशिकेय, मोहनलाल गुप्त, शिवप्रसाद सिंह, हरिमोहन, कमला त्रिवेणी शंकर, राजकुमार, गिरिजाशंकर पांडेय, हरीश और उदीयमान कंचनकुमार आदि हिन्दी साहित्य का भंडार भरते जा रहे हैं।

एक विशेष शैली के कथाकारों में श्री कामताप्रसाद कुशवाहा कान्त अपने पाठकों के निकट सर्वाधिक लोकप्रिय रहे। कान्तशैली के लेखकों में काशी के प्रमुख उपन्यासकार श्री ज्वालाप्रसाद गुप्त 'केशर', गोविन्दसिंह और ब्रह्मदेव 'मधुर' उल्लेखनीय हैं। अपनी रचनाओं के द्वारा अल्पकाल में इन लोगों ने जितने पाठक

बनाये, वह किसी भी लेखक के लिए गर्व का विषय हो सकता है। श्रीकेशर की गणना इन दिनों काशी के प्रमुख उपन्यासकारों में की जा रही है।

हिन्दी आलोचना के जनक आचार्य रामचन्द्र शुक्ल, डॉ. श्याम सुन्दरदास, आचार्य केशवप्रसाद मिश्र और लाला भगवान 'दीन' जो स्थान बन चुके हैं, उसे स्पर्श कर पाना आज भी मुहाल हो उठा है। आधुनिक समालोचकों में स्वर्गीय चन्द्रबली पांडेय, डॉक्टर हजारीप्रसाद द्विवेदी, विश्वनाथप्रसाद मिश्र, डॉक्टर रामअवध द्विवेदी, डॉक्टर जगन्नाथ प्रसाद शर्मा और शान्तिप्रिय द्विवेदी अपने विषय के महारथी हैं।

तरुण आलोचकों में सर्वश्री महेन्द्रचन्द्र राय, त्रिलोचन शास्त्री, चन्द्रबली सिंह, नामवर सिंह, विजयशंकर मल्ल और बच्चन सिंह प्रमुख हैं। श्री महेन्द्रजी मार्क्सवादी आलोचकों में ऊँचा स्थान रखते हैं। आप लिखते बहुत कम हैं, लेकिन जो लिखते हैं वह बिलकुल ठोस। हिन्दी और बांग्ला में आप समान गति में लिखते हैं। शास्त्री लिखते कम हैं, भाषण के रूप में प्रसारित अधिक करते हैं। चन्द्रबली सिंह जी बड़े संगदिल आलोचक हैं, कुछ लोग इन्हें 'जानमारु' आलोचक कहते हैं। उभरते हुए आलोचकों में नामवर सिंह प्रगति पर हैं। वह दिन दूर नहीं है जब काशी के ये आलोचक हिन्दी साहित्य में मूर्घन्य स्थान प्राप्त कर लेंगे।

इतिहास, दर्शन, धर्म और संस्कृति के विद्वानों में महामहोपाध्याय पंडित गोपीनाथ कविराज, डॉ. भगवानदास, डॉ. मंगलदेव शास्त्री, महामहोपाध्याय पं. नारायण शास्त्री खिस्ते, पं. दामोदर गोस्वामी, डॉ. सम्पूर्णानन्द, पं. गंगाशंकर मिश्र, डॉ. वासुदेवशरण अग्रवाल, डॉ. मोतीचन्द, डॉ. राजबली पांडेय और रायकृष्णदास की सेवाएँ अविस्मरणीय हैं।

मूल लिपि में बौद्ध साहित्य के विश्व में एकमात्र अन्वेषक आचार्य नरेन्द्रदेव और प्रसिद्ध समाजशास्त्री तथा विचारक राजाराम शास्त्री की सेवाओं से हिन्दी साहित्य गौरवान्वित हुआ है। प्रसिद्ध कोषकार बाबू रामचन्द्र वर्मा, मुंशी कालिकाप्रसाद और मुकुन्दीलाल जी काशी की ही विभूति हैं।

हिन्दी हास्य साहित्य के स्तम्भ

हिन्दी में हास्य साहित्य के लेखकों की अगर मर्दुमशुमारी की जाए, तो नब्बे परसेंट बनारसी ही मिलेंगे। हास्य व्यंग्य की जान बाबू अन्नपूर्णानन्द वर्मा का नाम बांग्ला के परशुराम, उर्दू के चुगताई-थानवी, मराठी के पी.के. अत्रे और गुजराती के ज्योतीन्द्र दवे के नाम के साथ लिया जा सकता है।

बेढब बनारसी की मुहावरेदार भाषा आज के नवीन हास्य लेखकों को बराबर प्रेरणा दे रही है, बेढबजी सिर्फ हास्य साहित्य में ही 'मास्टर साहब' नहीं हैं, बल्कि गम्भीर साहित्य में आपका अध्ययन और देन भी विशिष्ट है। बेढबजी की तुलना उर्दू के किसी भी हास्य लेखक से की जा सकती है। सही माने में वे आज हिन्दी के हास्य लेखकों के लिए 'मास्टर साहब' बने हुए हैं। चोंचजी के शब्दों में आप हिन्दी के अकबर नहीं, हुमायूँ हैं।

भाषा और शैली के अप्रतिम कलाकार उग्रजी की करारी चोट से आज भी बहुत से धुरन्धर तिलमिला उठते हैं। उग्रजी के नाम पर आज के कुछ प्रगतिवादी नाक-भौं सिकोड़ते हैं, पर उन्हें उग्रजी के शब्दों में दिया गया बयान याद रखना चाहिए—

न जानूँ नेक हूँ, या बद हूँ, पर सोहबत मुख़ालिफ है।
जो गुल हूँ तो गुलखन में, जो खस हूँ तो हूँ गुलशन में॥

बेधड़क बनारसी वह हस्ती हैं जिसने हिन्दी पत्रकारिता के क्षेत्र में युगान्तरकारी कार्य किया है। द्वितीय महायुद्ध के समय हिन्दी के दैनिक अखबार रविवार विशेषांक प्रकाशित नहीं करते थे। इस दिशा में सर्वप्रथम प्रयास उन्होंने किया और आज सभी पत्र अपना रविवार विशेषांक निकालकर न जाने कितने लेखकों की सृष्टि कर रहे हैं। उखड़ते हुए कवि-सम्मेलनों को जमाना आपके बायें हाथ का खेल है।

भैया जी बनारसी 'दादा' के रूप में उतने ही ख्यातिप्राप्त हैं जितना 'अरबी न फ़ारसी' [दैनिक 'आज' का एक विशिष्ट कालम] के लिए। आपकी हास्य कहानियाँ हमें उर्दू के प्रसिद्ध लेखक कन्हैयालाल कपूर और कैप्टन शफीकुर्रहमान की याद दिलाती रहती हैं।

रुद्र काशिकेय के नाम से गम्भीर और गुरु बनारसी के नाम से हास्यरस की गंगा बहानेवाले पं. शिवप्रसाद मिश्र काशी के दर्शनीय व्यक्तियों में हैं। नीलकंठ की तरह आप कई भाषाओं के रस को आकंठ पान कर चुके हैं जिसका परिचय यदा-कदा उनकी लेखनी से मिलता रहता है। 'बहती गंगा' आपकी अमर कृति है। बनारसी भाषा में जो चीज़ निकलती है, वह साहित्य में 'माइल स्टोन' का काम करती है।

स्वर्गीय बलदेवप्रसाद मिश्र का नाम लेते ही हृदय में एक टीस-सी उत्पन्न होती है। काश! हिन्दी साहित्य के कर्णधार इनकी कीमत आँक पाते। हास्य ही नहीं, साहित्य के सभी अंगों पर समान अधिकार रखनेवाले इस महान कलाकार

का मूल्यांकन आज भी हिन्दी जगत् नहीं कर सका है। मिश्रजी जैसे प्रतिभाशाली कलाकार बहुत दिनों बाद हिन्दी साहित्य में पैदा होते हैं।

कौतुकजी 'शिवजी' के नाम से प्रगतिशील बनकर आजकल ज्योतिषाचार्य बन गये हैं। अच्छा हुआ कि आपने अपना चोला बदल लिया वरना साहित्य में भुखमरी के अलावा कुछ नहीं मिलता। आपके 'छीटों' का मुकाबला आज के बड़े-बड़े महारथी भी नहीं कर पाते।

चोंचजी जबसे 'राजहंस' बने पाठकों में उदासी छा गयी थी। अब वे पुन: कमर कसकर मैदान में उतर आये हैं। नया जोश, नयी जवानी और नया रंग देखकर बड़े-बड़े अखाड़िया और 'यार' लोग आजकल बिदकने लगे हैं।

हिन्दी-संस्कृत के प्रकांड विद्वान, नाट्य साहित्य के आचार्य और प्रसिद्ध भाषाशास्त्री पं. सीताराम चतुर्वेदी हास्य लिखते कम हैं, पर जो लिखते हैं, बिलकुल 'कटारी मार'।

अशोकजी जब तक बनारसी रहे, तब तक उनकी कलम से बनारसी मस्ती बहती रही। आजकल वे सरकारी अधिकारी हो गये हैं।

डॉक्टर भानुशंकर मेहता के हास्य में उनकी अपनी मौलिकता है। कुछ पत्रकारों को उनके हास्य में पैथॉलॉजिस्ट की 'बू' मालूम पड़ती है। फिर भी यह मानना पड़ेगा कि ये जो हास्य देते हैं वह पूर्ण मौलिक और नयी सूझ में ढला होता है।

बनारस के नवोदित हास्य लेखक हीरालाल चौबे को लोग अभी 'बतिया' समझते हैं पर एक दिन वे पूर्ण कूष्मांड बन जाएँगे—इसमें सन्देह नहीं।

बनारस के 'गहरेबाज़' की 'गहरेबाज़ी' केवल बनारस में ही नहीं, पूर्वी उत्तर प्रदेश में सर्वाधिक लोकप्रिय है। श्री पुरुषोत्तम दवे ऋषिजी की 'ख़ैरात' को भी नज़र-अन्दाज़ नहीं किया जा सकता। स्वर्गीय इन्द्रशंकर मिश्र, झपसटराय बनारसी, पं. केदार शर्मा और बेखटक बनारसी काशी के हास्य लेखकों में अपना स्थान रखते हैं।

साहित्य के आधार

निराला साहित्य के मर्मज्ञ अपनी वर्चस्वी प्रतिभा के धनी त्रिलोचन शास्त्री आलोचक की अपेक्षा कवि रूप में अधिक तगड़े हैं। त्रिलोचन शास्त्री उर्दू की रवानगी के बहुत क़ायल हैं।

'समय की शिला पर मधुर चित्र कितने...' के यशस्वी गायक डॉ. शम्भूनाथ

सिंह का काशी के कवियों में जो स्थान है, उससे सभी परिचित हैं। काशी को अपने इस गायक कवि पर नाज़ है।

बड़े बूढ़ों में श्री अटलजी, अवस्थीजी और श्रीमाली अधिक शक्तिसम्पन्न हैं। तरुण कवियों में श्री ठाकुरप्रसाद सिंह, केदारनाथ सिंह, ब्रजविलास और रवीन्द्र 'भ्रमर' हिन्दी साहित्य में अपना स्थान ग्रहण कर चुके हैं। श्री रत्नशंकर, प्रदीप जी, लालजी सिंह, क़ैस बनारसी, नज़ीर, राहगीर, चन्द्रशेखर, महेन्द्र राजा, प्रवासीजी, विष्णुचन्द्र शर्मा और श्री शंकर शुक्ल आदि हिन्दी कविता को निरन्तर प्रवाहमान रखते आ रहे हैं।

हिन्दी पत्रकारिता के क्षेत्र में 'बनारस अख़बार' से 'बनारस' तक अनेक महान पत्रकार हो चुके हैं। पं. बाबूराव विष्णु पराड़कर, पं. लक्ष्मण नारायण गर्दे, बाबू सम्पूर्णानन्द, पं. गंगाशंकर मिश्र, श्री श्रीप्रकाश, पं. कमलापति त्रिपाठी और खाडिलकर की सेवाएँ अविस्मरणीय रहेंगी।

काशी में इतिहास, राजनीति, मनोविज्ञान, प्राणीशास्त्र, गणित और भूगर्भ शास्त्र के अनेक विद्वान हैं और उनकी रचनाओं से हिन्दी साहित्य का भंडार निरन्तर भरता जा रहा है। इनमें सर्वश्री भिक्षु धर्मरक्षित, डॉ. गणेशप्रसाद उनियाल, डॉ. भोलाशंकर व्यास, डॉ. श्रीकृष्ण लाल, डॉ. सितकंठ मिश्र, कन्हैयालाल वर्मा, पं. करुणापति त्रिपाठी, लालजीराम शुक्ल, प्रो. बी.एल. सहानी, ब्रजरत्नदास, सुधाकर पांडेय, पं. लक्ष्मीशंकर व्यास, विश्वनाथ प्रसाद त्रिपाठी, शारदा शंकर द्विवेदी, गंगानाथ झा, शिवनाथ एम.ए. (आज कल शान्ति निकेतन में हैं), पारसनाथ सिंह, माधवप्रसाद मिश्र, कमलाप्रसाद अवस्थी, पद्मा अग्रवाल, बिनोद जी, चन्द्रकुमार जी, डॉक्टर राय गोविन्दचन्द और पद्मावती 'शबनम' आदि का नाम आदर से लिया जाता है।

स्पेशल नोट—प्रस्तुत लेख में मैंने भरसक काशी के सभी विद्वानों का, अपने इष्ट-मित्रों का, यहाँ तक कि जितने नाम मिल सके उन सभी का उल्लेख किया है। बाहर से आये साहित्यिकों का जो यहाँ कुछ दिन रहे और चले गये उनकी चर्चा नहीं की है। फिर भी जो लोग छूट गये हों, उनसे नम्र निवेदन है कि वे नाराज़ न हों। जिनका नाम मस्तिष्क में नहीं आया, वे लोग मेरे अवचेतन में ज़रूर हैं। अगले संस्करण में उनकी चर्चा अवश्य कर दूँगा और इस 'स्पेशल नोट' को 'डिलीट' कर दूँगा।

बनारस के अहीर

जनसंख्या की दृष्टि से काशी में ब्राह्मणों के बाद अहीरों की संख्या अन्य जातियों से अधिक है। शायद ही ऐसा कोई मुहल्ला होगा जहाँ अहीर न रहते हों। इसका मुख्य कारण यह है कि प्रत्येक बनारसी निखालिस दूध का प्रेमी होता है। घर पर 'पहुँचउवा' अथवा बाज़ार में बिकनेवाले दूध पर उसे विश्वास नहीं है। भले ही वह ख़ालिस क्यों न हो। ख़ालिस दूध प्राप्त करने के लिए लोग तरह-तरह के प्रयोग करते हैं। रईस और अफ़सर अथवा जिनका रोब अहीरों पर ग़ालिब होता है, वे अपने दरवाज़े के सामने खड़े होकर दूध दुहवाते हैं। ऐसे लोग एक गाय या एक भैंस का पूरा दूध क्रय कर लेते हैं। मध्यम श्रेणीवालों को ज़रा रियाज़ करना पड़ता है अर्थात् तड़के या शाम के समय जब अहीर थका-माँदा नींद में सोया रहता है तब अनेक बनारसी लोटा-बाल्टी लेकर उसके डाक बँगले पर हमला कर बैठते हैं। कहने का मतलब ग्राहकों की भीड़ से अहीरों की नींद खुलती है। इधर ग्राहकों का विश्वास है, जब वह सोया रहे तभी दूध लेने पहुँचना चाहिए वरना घपला कर बैठेगा।

दूध दुहने के पहले खाली बाल्टी देखना, ग्वाले की प्रत्येक अदा को तजबीज़ना, पहले से किसी और बाल्टी में दूध दुहकर रखा है कि नहीं, यह देखना और दूध लेते समय फेना हटाकर दूध लेना—यह सब ग्राहकों के अपने 'ट्रिक' हैं। इतना करने पर भी लोग इन्हें अविश्वास की दृष्टि से देखते हैं। यही एक ऐसा रोज़गारी है जो जनता के अविश्वास का सेहरा पहने सड़कों पर झूमता हुआ चलता है। अपने इस अपमान से नाराज़ नहीं होता। शायद सहनशीलता का गुण उसे भगवान शंकर से प्राप्त हुआ है।

अब ऐसी हालत में यदि ग्वाले का मकान घर से दूर हुआ तो ख़ालिस दूध मिलना दूर रहा—वहाँ तक जाने में लोग परेशानी अनुभव करते हैं। समय से दफ़्तर

या दुकान नहीं जा सकेंगे। इसीलिए प्रत्येक बनारसी चाहता है कि दफ़्तर, दुकान, बाज़ार और नदी तट भले ही दूर हो, पर ग्वाले का मकान पास हो ताकि उसके यहाँ हमला करने में सहूलियत हो। ग्वाले का घर पास में रहने से तीन फ़ायदे हैं। पहला यह कि ख़ालिस दूध मिल जाता है, दूसरे 'खतम हो गयल' सुनना नहीं पड़ता, तीसरे सुबह का टहलना भी हो जाता है। अब उनकी बात ही अलग है जो सुबह-शाम ग्वाले के यहाँ हाज़िरी बजाना अपनी शान के ख़िलाफ़ समझते हैं। ऐसे लोगों के यहाँ 'घर पहुँचउवा' दूध देने की व्यवस्था है।

इतना 'रियाज़' करने पर भी बनारसी लोग कभी-कभी यह अनुभव करते हैं कि आज 'पनिहर' दूध मिला है। आज भी कुछ ऐसे बनारसी हैं जो दूध का कटोरा मुँह में लगाते ही बता देते हैं कि इसमें कितने प्रतिशत दूध है और कितना पानी। एक तो दूध से मक्खन मलाई निकालकर सारा तत्त्व खींच लेते हैं, फिर उसमें भी पानी मिलाकर देंगे। सुना है, इस दूध में भी जब कुछ विटामिन रह जाता है तब मशीन के जरिये उसे भी निकाल लेते हैं ताकि जनता का स्वास्थ्य खराब न हो जाए।

बनारस के निवासियों को असली दूध प्राप्त हो, इस उद्देश्य से प्रेरित होकर एक बार बनारस नगरपालिका ने रबड़ी-मलाई पर कंट्रोल लगा दिया था ताकि यह सामान न बनने पर लोगों को विटामिन युक्त असली दूध प्राप्त होगा। यद्यपि उस समय कुछ भाई लोगों ने जो रात को मलाई-रबड़ी से रोटी खाते हैं, आपत्ति की थी। लेकिन इधर असली दूध पीते ही लोगों में अपच की शिकायत इतनी गहरी हुई कि इस क़ानून को बदल देना पड़ा।

ख़ालिस दूध प्राप्त करने के लिए बनारसी लोग अपना 'तिकड़म' करते रहते हैं, पर उनकी 'तिकड़म' काम नहीं देती। पता नहीं, नटवर श्याम के ये जाति बिरादर कब घपला कर बैठते हैं! यदि स्कॉटलैंड यार्ड वाले इस बात की खोज करें तो इस रहस्य पर कुछ प्रकाश डाल सकते हैं। यद्यपि आज का ज़माना ही घपलेबाज़ी का है। सोना-चाँदी में, घी में, साहित्य में, राजनीति में यहाँ तक कि अच्छी लड़की दिखाकर काली कलूटी लड़की को कन्यादान में देकर ससुर लोग घपला कर बैठते हैं—फिर दूध में घपलेबाज़ी करना कोई भारी जुर्म नहीं, जबकि आप सामने खड़े होकर दूध दुहवाते हैं—सिर्फ इसीलिए न कि आपका उन पर विश्वास नहीं!

इधर ग्वालबन्धु मस्त रहते हैं। कोई कितना ही अविश्वास क्यों न करे—वे

साफ़ काम करना पसन्द करते हैं। वे आपके सामने दूध दुहने को तैयार हैं, आपके दरवाज़े पर गाय ले जाकर दूध दुह सकते हैं। आपके घर पहुँचाते भी हैं। वे हर तरह से ग्राहक को ख़ुश रखना चाहते हैं, पर ग्राहक न जाने क्यों उनका विश्वास नहीं करते जब कि खोपड़ी पर सवार होकर दूध दुहवाएँगे। लोग यह नहीं सोचते कि सबको दूध देना पड़ता है, अगर किसी को न दें तो उनका मुँह फूल जाता है, बकाया पैसा पानी में चला जाता है। अगर सबको ख़ुश न रखे तो गणतन्त्र की परम्परा ही बिगड़ जाए। ग्राहकों को तो शिकायत करने की आदत ही पड़ गयी है। हजार ख़ालिस दो, पर विश्वास नहीं करते। महीने भर दूध पिलाओ और पैसा देते समय नानी मर जाती है। आज तनख़्वाह नहीं मिला—लो आज कुछ रुपये ले जाओ—अगले महीने में इकट्ठे दे देंगे—आदि बहाना सुनाते हैं। वे यह नहीं समझते कि आज़ादी सिर्फ उन्हें नहीं मिली है—हैवानों को भी मिली है। एक तो गायें पहले की तरह दूध नहीं देतीं, दूसरे नाप-तौलकर दूध देती हैं। जब मन में आया 'पनिहर' दूध देंगी। कुछ तो अपने बच्चे के लिए चुरा लेती हैं। कुछ मनहूस ग्राहकों को देखकर बिदक जाती हैं और जल्दी 'पेन्हाती' नहीं। भले ही उनके आगे भूसा भरकर नकली बछवा क्यों न रख दिया जाए।

काशी के राजपूत

वीरता और स्वातन्त्र्य-प्रेम के लिए राजपूत जाति का नाम बड़े आदर से लिया जाता है। इनकी प्रशस्ति में इतिहास के अनेक पृष्ठ रंग दिये गये हैं। लेकिन आश्चर्य का विषय है कि अहीरों के बारे में ख़ास चर्चा नहीं की गयी है जबकि योद्धा के रूप में यह जाति राजपूतों से किसी भी हालत में कम नहीं है। अन्य शहरों की बात तो मैं नहीं जानता पर काशी में यही एक ऐसी जाति है जिसमें युयुत्सा की भावना भरी रहती है।

काशी में जब कभी विदेशी हमले हुए अथवा दंगा-फसाद के दिनों इस जाति के लोग लट्ठ लेकर मैदान में हमेशा आगे आये हैं। इन लोगों ने इस बात की कभी परवाह नहीं की कि मुकाबले के दुश्मनों के पास बन्दूक और राइफलें हैं। इनका तो बस एक ही मूल मन्त्र रहता है या तो हराकर लौटेंगे वरना सही सलामत घर वापस नहीं आएँगे। इनके प्रिय हथियारों में गँड़ासा, तेजा बिछुआ, बल्लम और सेंगरी (तेल से पकी मिर्ज़ापुरी बाँस की लाठी जिसकी हर गाँठ पर लोहे की कील और निचला भाग लोहे के मोटे आवरण से जड़ा रहता है) हैं। सिर्फ इन्हीं हथियारों

की बदौलत एक बार नहीं, अनेक बार बनारस की शान और जनता की रक्षा हुई है। सेंगरी चलाने में सिद्धहस्त अहीर जितना अपनी शक्ति पर अभिमान नहीं करता, उससे अधिक इस हथियार पर करता है। अगर यह अस्त्र उसके पास रहे तो दस-बीस शत्रु उसका कुछ बिगाड़ नहीं सकते। प्रसंगवश यहाँ प्रथम विश्वयुद्ध की एक घटना का उल्लेख कर देना अप्रासंगिक न होगा।

सन् 1914 की लड़ाई में काशी में कुछ अहीर लड़ाई में रंगरूट बनकर गये हुए थे। कहा जाता है जब जर्मनों की फ़ौज़ तेजी से आगे बढ़ रही थी—समय पर मदद न पाने के कारण अँग्रेज़ हतोत्साहित हो गये थे। उस समय देशी पलटन को आगे कर वे पीछे की ओर घसक गये। मैदान में केवल देशी पलटनों की फ़ौज़ रह गयी। जब तक उनके पास कारतूस और बम आदि रहे, लड़ते रहे। अचानक जब कारतूस समाप्त हो गये तब उन्हें अपने चारों तरफ जर्मन सैनिक ही सैनिक नज़र आने लगे। वे धीरे-धीरे आगे बढ़कर उन्हें घेरने लगे। तभी एक बनारसी अहीर को न जाने क्या सूझा कि उसने बन्दूक को उल्टी कर एक जर्मन के मलपट पर दे मारा—वह वहीं ढेर हो गया। लड़ाई की इस नवीन विद्या का आविष्कार होते ही सबने तेजी से उसे अपना लिया। शिक्षित जर्मन सैनिक इस प्रकार के युद्ध से अभ्यस्त नहीं थे अथवा इस विद्या से अपरिचित थे। पहले तो कुछ देर हक्का-बक्का हो गये फिर गोलियों की बौछार शुरू हुई तब तक देशी पलटन भी आ गयी। इस प्रकार जीत उन्हीं की हुई। यह है सेंगरी की सिफ़त, बशर्ते उसे चलाने में 'डी.लिट्' की उपाधि उस्ताद से प्राप्त हो गयी हो।

काशी की जनता और चाहे जो करे, पर इस जाति को वह बहुत प्यार करती है, लड़ाई करती है, झगड़ा करती है, फिर भी इनसे कभी कोई मनमुटाव नहीं रखता। ठीक इसी प्रकार नम्रता की मूर्ति बनी यह जाति आम जनता से पेश आती है। इस जाति को सम्मानित करने के लिए ही काशी की जनता इन्हें 'सरदार' कहकर पुकारती है। यहाँ का प्रत्येक अहीर इस उपाधि से विभूषित है। वे इस उपाधि को रायबहादुर, रायसाहब, भारतरत्न और पद्म-विभूषण से कहीं अधिक सम्मानित समझते हैं।

काशी का अहीर गाय-भैंस पालता है। दूध, दही, मक्खन, मलाई और रबड़ी बेचता है। दूध में वह पानी नहीं मिलाता। कहा जाता है इसके लिए कोई श्राप है। हाँ, पानी में दूध अवश्य मिलाकर बेचता है। इस कार्य को वह अनैतिक नहीं मानता। जिन अहीरों के पास गाय-भैंस नहीं है, वे बाज़ार से दूध लाकर कमीशन

पर बेचते हैं अथवा पेशराजी करते हैं। काशी में अहीरों का एक बड़ा वर्ग कलाकार है। भवन निर्माण में कारीगर समझे जाते हैं।

बनारसी गुरुओं की भाँति बनारस के सरदार भी अधिक वस्त्र पहनना पसन्द नहीं करते। घुटनों तक धोती और कन्धे पर वह एक लाल गमछा डाल लेता है। जाड़े के दिनों कुर्ता या कमीज़ बदन पर डाल लेता है। लाल लँगोट या 'बिश्टी' यह अवश्य पहनता है। विवाह आदि के अवसर पर वृन्दावनी (छापे का) दुपट्टा और सिर पर मुरेठा बाँधता है। गले में सोने का जन्तर या सिकड़ी पहनने का शौकीन होता है। गठा हुआ शरीर, भरी हुई मुश्कें, अखाड़े की मिट्टी से रंगा हुआ सर, खुरदुरी मोटी अँगुलियाँ, चौड़े पंजे का पैर और बड़ी-बड़ी मूँछें रखता है। सर पर चोटी के नाम पर इने-गिने बाल रहते हैं।

वह ईश्वर का बड़ा भक्त है। सत्यनारायण कथा वह अक्सर सुनता है। विवाह आदि कार्य में सफलता प्राप्त करने पर कथा ज़रूर सुनता है। बाबा विश्वनाथ को वह पानी चढ़ाता है। 'भइंसासुर' बाबा, ताड़बाबा और मुड़ीकट्टा बाबा को गाँजे की चिलम चढ़ाता है। बहरी अलंग जाने का उसे शौक है। मौज-मस्ती लेने में वह बड़े-बड़े रईसों को भी मात दे देता है।

बीमार पड़ने पर इलाज बहुत कम कराता है। इलाज के लिए पहले नज़र उतरवा देगा, भैरवानाथ पर झाड़-फूँक करवा देगा, गंडा-ताबीज का प्रयोग करेगा। हैजा, प्लेग, चेचक आदि के प्रकोप के समय मुहल्ला 'गोंठता' है, उतारा करता है, धार देता है, होम-पूजा, कभी-कभी मनौती मान लेने पर दुर्गाजी पर खसी बलिदान देना साधारण बात है।

आल्हा ऊदल की कथा और रामायण उसे बहुत प्रिय है। कजली-विरहे का वह जबर्दस्त शौक़ीन होता है। काशी में ऐसे अनेक अहीर हैं जो निरक्षर भट्टाचार्य हैं, पर तीन सौ से चार सौ पद वाले बिरहा उन्हें कंठस्थ हैं। सिर्फ यही नहीं, वे स्वयं बनाते भी हैं जिसमें छायावाद, रहस्यवाद, प्रयोगवाद, प्रगतिवाद के भाव रहते हैं। जब कभी दो बिरहेबाज़ों की आपस में ठन जाती है तब जन समारोह के साथ दंगल किया जाता है। उस समय सुननेवाले रात भर खड़े होकर सुनते रहते हैं। भावों की चमत्कारी के अलावा ज्ञान की गहनता और स्मरण-शक्ति की परीक्षा हो जाती है। सवाल-जवाब भी होते हैं। यही एक ऐसा जन समारोह है जिसमें लाउड स्पीकर की ज़रूरत नहीं होती। इस गीत में संगत के लिए न तबले की ज़रूरत होती है, न मृदंग की। सारंगी या सितार की आवश्यकता नहीं होती। ध्रुपद-

दादर-विलम्बित के राग नहीं देखे जाते। शायद इसीलिए आजकल चुनाव आदि के मौके पर इस गीत का अधिक प्रचार होने लगा है। कुछ प्रगतिशील कवियों का झुकाव इस ओर हो गया है।

एक हाथ से एक कान ढाँककर आसमान की ओर मुँह किये जब विरहा गायक टीप अलापता है तब सड़क के दूसरी ओर तक उसकी आवाज़ गूँज उठती है। इधर इस गीत के साथ 'करताल' का प्रयोग होने लगा है। विरहा गाने के लिए न कोई मौसम है न समय। उसके लिए मूड बनाने की आवश्यकता नहीं होती। जब जहाँ जी में आया, गाया जाता है। कहा जाता है कि विरहा गायक तोतली ज़बान के दोष को दूर कर देता है। पक्के गानेवालों को टीप अलापने की प्रेरणा विरहा गायकों से मिली है।

काशी का अहीर बड़ा विनम्र होता है। बाबू, भइया और गुरु जी सम्बोधनों के साथ दूसरों से बातचीत करता है। लेकिन जब वह ऐंठ जाता है तब किसी को कुछ नहीं समझता। अकड़कर चलना उसकी ख़ास आदत है। उसके चलने-फिरने, दूध दुहने और बातचीत करने में एक अदा होती है जिसे बिना देखे या अध्ययन किये समझाया नहीं जा सकता।

विवाह आदि के अवसर पर भले ही बारात के साथ पुलिस बैंड, रामनगर स्टेट बैंड रहे, पर दुल्हा की पालकी के पास बारह सींगा, डफली और घंटेवाला बाजा ज़रूर बजता रहेगा। इसी बाजे का अध्ययन कर बनारसी समझ जाते हैं कि सरदार की बारात है। उसकी बारात में रिश्तेदारों के अलावा टाट (जाति) के लोग रहते हैं। सबको कच्चा भोजन कराते हैं। पैसेवाले अहीर जब दाल-भात खिलाने के बाद पूड़ी और लड्डू खिलाते हैं तब उसकी बड़ी चर्चा होती है—'पूड़ी आउर लड़ुआ चलउले रहल।'

भरतनाट्यम्, कथकली, साँवताली और मणिपुरी नृत्य से अलग ढंग से उसका नृत्य होता है। उसके नृत्य में औरतों की आवश्यकता नहीं होती। कोई भी पुरुष अपने ऊपर दुपट्टा डालकर औरतों का भाव प्रदर्शन कर लेता है। डफली के साथ दो पुरुष ख़ुशियाली के मौके पर बड़े विचित्र ढंग में नृत्य करते हैं।

बउलिया पर नहाना, गैबी पर भाँग छानना, गंगा किनारे साफा लगाना, रामकुंडा और सगरा के तालाब पर मवेशियों को नहलाना, उस पार निपटना और संकटमोचन का दर्शन करना उसका निशि-दिन का काम है। शारीरिक विकास के लिए वह मलाई-रबड़ी चाभता है, दंड-बैठक करता है, गदा-जोड़ी फेरता है, लाठी चलाना सीखता है और नाल उठाता है।

जिस वक़्त वह मवेशियों को लेकर सड़क पर से गुज़रता है, उस समय लगता है जैसे काशी का राजा या रईस वह स्वयं है। समूची सड़क पर मवेशियों को फैलाये कन्धे पर लाठी रख झूमता हुआ चलता है। उसे इस बात की फ़िक्र नहीं रहती कि ट्रैफिक जाम हो रहा है, आगे किसी को चोट लग जाएगी या कोई ख़तरा हो जाएगा। यद्यपि अहीर हमारे सामाजिक जीवन का एक आवश्यक अंग है, पर सर-दर्द भी कम नहीं। शहर के किसी भी अंचल में जब आप प्रवेश करिए और आप की नाक में दुर्गन्ध आए तब समझ लीजिए कि इस गली में किसी सरदार का डाक बँगला है।

बनारस की संस्थाएँ

बनारस में कुल कितनी संस्थाएँ हैं, इसका हिसाब लगाना आसान नहीं है। रजिस्टर्ड संस्थाओं की सूची तो सरकारी दफ़्तर से प्राप्त हो सकती है, पर अन रजिस्टर्ड की सूची केवल समाचार पत्रों में प्रकाशित उत्सव-आयोजनों के समाचारों से ही ज्ञात हो सकती है।

संस्था की परिभाषा

संस्था का अर्थ क्या है और संस्था बनायी क्यों जाती है? मुमकिन है आप यह बात न जानते हों। जिनकी कहीं सुनवाई नहीं होती अथवा अपनी बातें नये ढंग से पेश करना चाहते हैं किंवा अपना उल्लू सीधा करना चाहते हैं, रोजी-रोज़गार या जलपान की व्यवस्था करना चाहते हैं, नेतागिरी की ख़्वाहिश रखते हैं—ऐसे लोगों की जमात को संस्था कहते हैं। संस्थापक उसे कहते हैं जिसके दिमाग में भाँग के नशे में या चाय की चुस्की लेते समय यह विचार उत्पन्न हो जाए कि एक ऐसी संस्था की आवश्यकता है और वह कुछ मित्रों पर अपनी यह राय जाहिर कर दे। सदस्यों से कुछ अधिक चन्दा देनेवाला सभापति होता है। ऐसी संस्थाओं में दो प्रकार के सदस्य होते हैं—एक विशिष्ट, दूसरे साधारण। विशिष्ट सदस्यों में सभापति (यदि फालतू व्यक्ति नहीं हैं तो कोरम पूरा करने के लिए उपसभापति भी रख लिए जाते हैं) संस्थापक, मन्त्री, उपमन्त्री और कोषाध्यक्ष के अलावा कुछ इनके साथी, दोस्त होते हैं जो कि चन्दे की रकम का 'सदुपयोग' करते हैं। संस्थाएँ चन्दे की रकम से चलती हैं, इसके अलावा गाढ़े वक़्त जनता से भी मदद ली जाती है। आख़िर उन्हीं की 'भलाई के लिए' तो ये नेता, ये पदाधिकारी तन-मन से लगे हुए हैं वरना इन्हें क्या गरज़ पड़ी है? चन्दे की रकम अधिकतर सभापतिजी की माला और रिक्शा किराया में, विशिष्ट सदस्यों के जलपान में और मन्त्री तथा

कोषाध्यक्ष के घर गृहस्थी के काम आती है। अविश्वास का प्रस्ताव लानेवाले, चाँव-चाँव करनेवाले भी विशिष्ट सदस्य होते हैं। साधारण सदस्यों की इज़्ज़त केवल चुनाव के समय होती है।

बनारसी संस्थाएँ

अन्य शहरों की संस्थाओं का अध्ययन इस लेखक ने नहीं किया है, पर बनारसी संस्थाओं के बारे में वह कुछ जानता है। बनारस में एक ऐसी संस्था है जिसमें सभापति, संस्थापक, मन्त्री, कोषाध्यक्ष और सदस्य एक ही व्यक्ति है। कुछ संस्थाएँ ऐसी हैं जिनके साइनबोर्ड दिवालों पर लटकते हैं, पर कभी कोई कार्रवाई नहीं होती। काशी के कुछ साहित्यिक किसी-न-किसी संस्था के संस्थापक, सभापति, मन्त्री अथवा कोषाध्यक्ष अवश्य होते हैं। उनकी जेब में चन्दे की बही, कार्ड, निमन्त्रण-पत्र और लेटरपैड अवश्य रहता है। कहने का मतलब यह है कि उनकी कमीज़ में जितनी जेबें हैं, उससे अधिक उनके पास संस्थाएँ हैं। जो जितना व्यस्त है, वह उतना ही बड़ा है। इस तरह की संस्थाओं के जन्मदाता बनारस के होटल और लस्सी-चाय की दुकानें हैं, क्योंकि विशिष्ट व्यक्तियों के रहते हुए भी कोई इन्हें अपने घर मीटिंग करने नहीं देता। यही वजह है कि बजड़े पर कवि सम्मेलन या गोष्ठी का आयोजन होता रहता है। किसी संस्था का वार्षिकोत्सव करना है तो झट उनके मन्त्री से लेकर कोषाध्यक्ष तक चन्दे की रसीद लेकर होटलों में चक्कर लगाना शुरू कर देते हैं। यदि आप ज़रा-सी दिलचस्पी लेते हैं तो आपको ये लोग मूँड़ने से बाज नहीं आएँगे। आपकी कृति की तुलना प्रेमचन्द, गोर्की से, आपकी उदारता की धन्ना सेठ से और प्रतिभा की तुलना के बारे में पूछिये मत। बस जो कुछ हैं, आप ही हैं। किन्तु जब चन्दे की रसीद कट गयी तब आपकी गणना मूर्खों में की जाती है। पूरा चन्दा देने पर भी जलसे में आपको एक बीड़ा पान या एक कप चाय के लिए भी नहीं पूछा जाएगा। अगर प्रबन्धक शरीफ़ आदमी है तो हाथ जोड़ देगा और कुछ अपरिचितों से परिचय करा देगा—बस। बहुत अधिक शरीफ़ हुआ तो चाय-जलपान को पूछ लेगा।

साहित्यिकों की तरह प्रत्येक शिक्षक और प्रत्येक राजनीतिक नेता किसी-न-किसी संस्था का संस्थापक है। कुछ लोग तो एक से अधिक संस्था के संस्थापक हैं। सरकार से सहायता लेने के लिए भरसक प्रयत्न होते हैं, बैठकों में भले ही 'बाप-पूत बराती' 'माई-धिया गौनहारिन' की कहावत चरितार्थ हो अर्थात् सभापति, मन्त्री और कोषाध्यक्ष के अलावा अन्य कोई उपस्थित न रहे, लेकिन दूसरे दिन

समाचार पत्रों में इन तीनों व्यक्तियों का भाषण लिखकर ज़रूर छपने के लिए जाता है।

सबसे बड़ी ख़ूबी यह है कि इन संस्थाओं का वार्षिकोत्सव काफी धूमधाम से मनाया जाता है और उसके लिए कहीं-न-कहीं स्थान प्राप्त हो जाता है। लेकिन मीटिंग तो किसी भी रेस्तराँ, होटल में चाय की चुस्कियाँ लेते समय ही होती हैं। ये ऐसी संस्थाएँ हैं जिन्हें आप 'चलती फिरती संस्थाएँ' की संज्ञा दे सकते हैं।

कुछ प्रतिष्ठित संस्थाएँ भी काशी में हैं, किन्तु आप यदि उनमें पहुँचे तो कार्यवाही शुरू होने के पहले वहाँ की समस्या पर बहस करने के बजाय आलू-परवल का भाव, बेकारी की चर्चा, वेतन की मुसीबत और दफ़्तर की परेशानियों की चर्चा चल पड़ती है। सभापति के आने पर (बनारस में मन्त्रियों तथा माननीय श्री श्रीप्रकाशजी के अलावा कोई भी समय से नहीं पहुँचता) जब कार्यवाही शुरू होती है तब अजीब 'कौवारोर' मचता है। गनीमत समझिए कि सभापति जी कुछ 'सम्हाल' लेते हैं।

कुछ ऐसी संस्थाएँ हैं जहाँ के सभापति को खाने-पीने का डौल लग जाता है, वहाँ के सभापति मेम्बरों के वोट अपनी जेब से रकम खर्च कर खरीदते हैं। यह मानी हुई बात है कि अगर आपका सदस्यता शुल्क कोई चुका देता है तो आप उसका ही गुण गाएँगे। बनारस में ऐसे सभापति और ऐसे सदस्यों की कमी नहीं है। फलस्वरूप अच्छी संस्थाएँ भी राजनीति का अखाड़ा बन जाती हैं। संस्था के नाम पर चन्दा माँग कर कुछ लोग घर खर्च चलाते हैं। जिनका सरकारी अधिकारियों पर प्रभाव है, उनका क्या पूछना!

एक ऐसी संस्था है जिसकी एक बैठक में कुछ 13 आदमी उपस्थित थे, फलस्वरूप कोरम पूरा न होने के कारण बैठक स्थगित कर दी गयी। लेकिन चुनाव के समय खदेरू-बखेड़ू सभी आये थे। चाय-जलपान का भी टोटा पड़ गया। कुछ लोग जब यह जान लेते हैं कि आज जलपान का 'दिव्य' प्रबन्ध है, तब सबसे पहले पहुँच जाते हैं, वरना साधारण सदस्य को कौन कहे मन्त्री-सभापति और कोषाध्यक्ष तक लापता रहते हैं।

बनारस में कुछ 'मौसमी' संस्थाएँ हैं जो जाड़े में होटलों के किसी कमरे में और गर्मी के दिनों में बजड़े पर गोष्ठियाँ करती हैं। भाँग छानी, गलेबाज़ी की और चाय-जलपान के पश्चात् घर लौटे। बनारस की अनेक साहित्यिक संस्थाएँ इसी तरह की हैं। इनमें गम्भीर विचार-विमर्श नहीं होते—केवल तफ़रीह के लिए आयोजन होता है।

यही वजह है कि लोग चन्दा माँगनेवालों से घबराते हैं। उनका हाल ठीक उस व्यक्ति जैसा हो जाता है जो दिल्ली का लड्डू खाय तो पछताय, न खाये तो भी पछताय। अगर वे चन्दा नहीं देते तो बुरा और दे दिया तो बेकार हुआ। संस्थाओं की यह हालत जनता से छिपी नहीं है, इसलिए साहित्यिक आयोजन में वह दिलचस्पी नहीं लेती। लेकिन तफ़रीहवाले आयोजनों में टूट पड़ती है। अगर नाटक आदि का प्रोग्राम हुआ तो हर मेम्बर को कम-से-कम तीन पास चाहिए। एक उसके लिए, एक बीवी के लिए और एक फालतू। बच्चों के लिए फ्री कंशेसन रहता है। यद्यपि निमन्त्रण पत्र में —बच्चों को साथ लाना मना है—छपा रहता है। 'खानदान के चिराग को' साथ न रखें तो कहाँ छोड़ जाएँ। इसके अलावा पिता में जो गुण मौजूद है, वह उनकी सन्तानों में भी उत्पन्न हो—यह दृष्टिकोण तर्क में प्रस्तुत किया जाता है।

अगर आप ख़ुशहाल ज़िन्दगी व्यतीत करना चाहते हैं तो भूलकर किसी भी संस्था का मेम्बर मत बनिए, यह एक नेक सलाह है।

बनारस के यान–वाहन

जिस नगरी के राजा का वाहन साँड़, रानी का वाहन सिंह, राजकुमार का वाहन चूहा, युवराज (षडानन) का वाहन मयूर और कोतवाल का वाहन कुत्ता हो, उनकी विशेषता विचित्रता की खोज में आज के भयंकर-से-भयंकर वैज्ञानिक को श्रीमती नानी की याद आये बिना न रहेगी।

राजा-रानी-युवराज-कोतवाल के इन वाहनों पर मुलाहज़ा फरमाएँ—सभी एक-दूसरे के जानी दुश्मन! एक ही परिवार में इतने ख़तरनाक 'फिगरों' को समेटकर रखना, सचमुच कठिन समस्या है। मज़ा तो यह है कि कोई भी अपने वाहनों में, 'चेंज' करने को तैयार नहीं।

अपना ख़्याल है, अपनी काशी के राजा शंकर गॉड ने, वाहनों के प्रश्न पर 'गृह युद्ध' न हो जाए इसीलिए सबके लिए अलग निवास की व्यवस्था कर दी।

कोतवाल साहब की 'कोतवाली' भैरोनाथ, राजकुमार साहब को लोहटिया तथा रानी का रनिवास शहर के एकदम दक्खिन में। पति से इतनी दूर रहने में दुर्गाजी को अखरा तो, पर अपने वाहन सिंह महोदय की 'गुंडई' से वे परिचित थीं सो स्वीकार कर लिया। हजरत सिंह आदतन ख़ूनी थे। राजा के वाहन मिस्टर वृषभ को तो वे अपना 'राशन' ही समझते थे।

यह 'पारिवारिक-पार्टीशन' कब हुआ?—इस पर अपने पुराणों ने चुप्पी साध ली है सो हमें भी चुप ही रहना है।

अब आइए, प्रजा के यानों (सवारी) पर...

काशी की सड़कों पर रिक्शा, ताँगा, इक्का, टैक्सी और सरकारी बसें चलती हैं। पहले यहाँ काफी तादाद में खुली तथा बन्द दोनों किस्मों की बग्घियाँ चलती थीं। खुली बग्घियों पर पुरुष और बन्द बग्घियों में महिलाएँ बैठती थीं। बग्घियों पर बैठने वाले रईस समझे जाते थे। उस जमाने में बग्घियाँ रखना साधारण बात

नहीं थी। कौन इतना बड़ा ढड्ढा रखने के लिए अस्तबल बनवाये। इसके अलावा दो-दो साईस रखने पड़ते थे, वरना स्कूली लड़के पीछे उचककर बैठ जाते थे जिससे रईसी में बट्टा लगता था। जो लड़का नहीं बैठ पाता था, वह शैतानी करने के लिए—''बग्घीवान, पीछे लड़का, लगे चमोटी।'' आवाज़ दे देता था। इस प्रकार लड़के मुफ़्त में रईसी की शान पर चूना लगाते फिरते थे। मजबूरन पीछे चाबुक मारना पड़ता था। इसके अलावा शादी-बारात में हमेशा मँगनी भी देनी पड़ती थी। इन्हीं सब झंझटों के कारण रईसों ने बग्घी का रखना छोड़ दिया। आजकल भी कुछ लोगों के पास बग्घियाँ है पर उनका कोई ख़ास महत्त्व नहीं, वरना उस ज़माने में जनाब यों अकड़कर इस गाड़ी पर बैठते थे—मानों लॉर्ड कर्ज़न जा रहे हों। आजकल जो चन्द बग्घियाँ सड़कों पर दिखाई देती हैं, उन पर महिलाएँ गंगा नहाने, विश्वनाथ दर्शन करने अथवा किसी सखी-सहेली से मिलने के लिए जाती हैं।

बग्घियों के बाद ताँगों का दर्जा माना जाता है। कहने का मतलब जिस प्रकार बम्बई में टैक्सी में फ़र्स्ट क्लास के अफ़सर, बस में सेकेंड क्लास के अफ़सर, लोकल ट्रेन में थर्ड क्लास के बाबू और ट्राम में कुली-कबाड़ी चढ़ते हैं, उस प्रकार बनारस में बग्घी का दर्जा फ़र्स्ट क्लास रहा तो ताँगा सेकेंड क्लास। स्वयं बनारस नगरपालिका उन्हें दोयम क्लास की सवारी का सर्टिफिकेट देती थी और आज भी देती है। स्टेशन से उतरने पर इक्के वाले भले ही दौड़ आयें, पर ताँगे वाले कभी नहीं आते थे। किराया तो हमेशा चौगुनी हाँकते थे। कुछ कहिये तो तुरन्त कहते—''बाबू, ई एक्का नाहीं हौ। ताँगा हो ताँगा।'' कहने का मतलब यह रईसों के लिए गाड़ी है, कबाड़ियों के लिए नहीं। आपको गरज हो बैठिए और रईस बनिए, वरना इक्का तैयार है ही। उन दिनों सवारीवाले इक्कों पर चढ़ना शान के ख़िलाफ़ समझा जाता था। इक्के की गणना थर्ड क्लास की सवारियों में होती थी। ताँगे पर बैठनेवाला आदमी रईस न सही, बड़ा आदमी ज़रूर समझा जाता है।

ताँगों के बाद बनारस में इक्कों का नम्बर आता है। ऊपर जैसा कि कहा जा चुका है कि इक्का थर्ड क्लास की सवारी समझी जाती है—यह बात सभी इक्कों के लिए लागू नहीं है। सवारी इक्का उन इक्कों को कहा जाता है जो कचहरी, स्टेशन, विश्वविद्यालय या मुख्य बाज़ारों में चलते हैं। जिसके घोड़े महीने में 15 दिन सात्विक भाव से एकादशी व्रत रखते हैं। 'कम खाना, ग़म खाना' उनका गुरुमन्त्र होता है और जो मंज़िले-मक़सूद तक जाने के लिए दस कदम आगे तो पाँच कदम पीछे हटना अपना 'पुण्य नियम' मानते हैं।

नगरपालिका के नियम में ऐसे इक्कों पर तीन सवारी पर बन्धन भले ही हो,

परन्तु इक्केवाले सवारी की संख्या पाँच होने में विशेष 'सन्तुष्टि' प्रकट करते हैं। अगर कहीं ऐसा न हुआ तो समझ लीजिए, रास्ते भर, चनेवाले पंसारी, घासवाले घसियारों के प्रति उसके मुख से ऐसे 'पुनीत सम्बोधन' प्रसारित होंगे कि सवारी को 'आनन्द' आ जाता है। बेचारे घोड़े की माँ-बहनों से अपना निकट सम्बन्ध, चाबुक की फटकार में, वह समाँ बाँधेगा कि फिर...

इसके ठीक विपरीत इक्कों की दूसरी श्रेणी होती है—गहरेबाज़! इसके घोड़े हेल्थ बनाने के लिए दूध-घी मलाई का भी सेवन करते हैं। इस पर बैठना सौभाग्य में शुमार किया जाता है। अधिकतर ये प्राइवेट होते हैं। एक पुराने रईस ने अपने 'गहरेबाज़' घोड़ों के लिए कबीर चौरा मुहल्ले के पास, किसी ज़माने में, जो 'तबेला' बनवाया था, वह छोटे-मोटे महल से होड़ लेता था। आज भी 'लल्लन-छक्कन का तबेला' देखकर उस रईसी की चमक का अनुमान लगाया जा सकता है।

गहरेबाज़

गहरेबाज़ का अर्थ अपने आप में इतना ठोस है कि उसकी अधिक व्याख्या करने की ज़रूरत नहीं। सीधे-सादे शब्दों में—गहरेबाज़ इक्का उस गाड़ी को कहते हैं जो 'तीन सवारी से अधिक मत बैठाओ, बाँयें से चलो, दस मील की रफ्तार से चलो' इत्यादि क़ानून को धक्का लगाना अपनी शान समझता हो। अगर कोई इक्का गहरेबाज़ है तो वह दुल की चाल से भी चल सकता है और सरपट चाल से भी। बनारस में एक कहावत मशहूर है कि दमकल जब आग बुझाने के लिए चलता है तब उसके लिए सात ख़ून माफ़ रहता है अर्थात् दमकल गन्तव्य स्थान पर पहुँचते-पहुँचते सात लाश सड़क पर बिछा दे तो उसे रोका नहीं जा सकता और न उस पर मुकदमा चलाया जा सकता है। ठीक उसी प्रकार जब बनारसी गहरेबाज़ सड़क पर चल रहा है तब उसके लिए कितने ख़ून माफ़ हैं, इसका परिमाण नहीं है। यही वजह है कि ट्रैफिक पुलिस भूलकर भी कभी गहरेबाज़ों का चालान नहीं करती। जब तक वह हाथ उठाकर गाड़ी को रोके या नोटबुक निकालकर कुछ दर्ज करे तब तक गाड़ी भाष्करा, गैबी या रोहनिया पहुँच जाती है।

गहरेबाज़ रखना साधारण कलेजे की बात नहीं है। गहरेबाज़ रखना, हाथी पालने के बराबर माना जाता है। ऐरे गैरे नत्थू खैरे इसे रख ही नहीं सकते, भले ही करोड़पति या लखपति का साइनबोर्ड अपने पीछे क्यों न लटकाये हुए हों! अब अधिकतर बहरी अलंग के शौकीन गुरु, रईस और सरदार लोग के पास गहरेबाज़

दिखाई पड़ते हैं जिनकी तबीयत गहरेबाज़ी किये बिना नहीं मानती।

गहरेबाज़ों का रेस अब तो नहीं के बराबर होता है। जब बनारस इतना गुलज़ार नहीं था तब सड़कें अधिकतर सूनी रहती थीं। गहरेबाज़ की गहरेबाज़ी शाम को अथवा सुबह होती थी। उन दिनों गहरेबाजों की टापों से बनारस की सड़कें काँपा करती थीं। क्या मजाल कि गहरेबाज़ को काटकर दूसरा गहरेबाज़ निकल जाए। यह अपनी शान के ख़िलाफ़ बात मानी जाती थी। हमेशा एक-दूसरे को पिछाड़ने के लिए—वाह पट्ठे भिड़ल रहे, कहाँ जाला सरवा—हटल रहे बाँयें से—जाये न पावे—आदि नारों से वातावरण मुखारित करते रहते हैं। घोड़ों को भी अपनी जवानी की सारी ताकत अपने प्रतिद्वन्द्वी को पिछाड़ने में लगा देनी पड़ती थी। जब यह रेस किसी सड़क पर शुरू होती है तब देखने लायक दृश्य होता है। मीलों दूर रहने वाले लोगों को यह मालूम हो जाता है कि गहरेबाज़ आ रहा है। फलस्वरूप लोग एक किनारे हट जाते थे। घोड़ों की नाल से चिनगारियाँ छूटने लगती हैं, उस पर सवार लोग प्राण हथेली पर रखे, खूँटी पकड़े घोड़े को बढ़ावा देते हुए आगे बढ़ जाते थे। बम टूट जाना, आपस में भिड़ जाना और घायल हो जाना साधारण बात थी। रेस में पिछड़ जाना, मुख पर कालिख पुत जाने से कुछ अधिक ही समझा जाता है। पहले लोग हारे हुए घोड़ों को मनहूस मानकर गोली मार देते थे और इक्के में आग लगा देते थे।

आज भी मडुआडीह के उस पार, सारनाथ और रामनगर के मेले में गहरेबाज़ी का दृश्य देखने में आता है।

टैक्सी, जीप, लारी और पिकअप तो बनारस के कुली कबाड़ियों के पास भी है, पर बनारसी इक्का चुने हुए लोगों के पास है। आपको मोटर, लारी और हवाई जहाज तक किराये पर मिल सकते हैं और जीप, टैक्सी तथा पिकअप ज़रूरत पर मँगनी में भले ही मिल जाएँ, पर बनारसी गहरेबाज़ न मँगनी में मिलेगा और न किराये पर।

आप अपने मन में भले ही गर्व कर लें कि अब तक आप जहाज़, स्टीमर और समुद्री जहाज़ में सफ़र कर चुके हैं; बचपन से अब तक खच्चर, गदहा, ऊँट और घोड़े पर चढ़ चुके हैं, पर अब तक आपको गहरेबाज़ पर चढ़ने का सौभाग्य प्राप्त नहीं हुआ होगा। गहरेबाज़ पर आप तभी सवारी कर सकते हैं जब आपकी जान-पहचान किसी बनारसी रईस से हो और उसके पास गहरेबाज़ हो। साथ ही उसे नित्य बहरी अलंग जाकर नहाने-निपटने की शौक हो। बनारसी गहरेबाज़ बनारस के साधारण यानों में नहीं है, बल्कि उसे बनारसी शान समझी जाती है।

इस यान को इतनी इज़्ज़त बख़्शी गयी है कि एक विशुद्ध बनारसी इस गाड़ी के आगे रोल्स रायस की मोटर को दो कौड़ी का समझता है।

गाँधी ब्रांड यान

बग्घी, ताँगों के बाद तृतीय श्रेणी की सवारी रिक्शा को माना गया है। यही एक सवारी बनारस की सभ्यवादी सवारी है। कुछ लोग इसे गाँधी ब्रांड (थर्ड क्लास) सवारी कहते हैं। इस पर सईस से लेकर रईस तक, मन्त्री से पद्म-विभूषण तक बिना संकोच बैठते हैं। एक बात यह बता देना आवश्यक समझता हूँ कि बनारसी रिक्शों का किराया भारत के सभी शहरों से काफी सस्ता है। यहाँ आधा रिक्शा किराये पर मिलता है और पूरा रिक्शा भी। कहने का मतलब कोई एम.एल.ए. रिक्शे पर बैठा हो और रिक्शावाला अन्य एक सवारी की तलाश में है तो आप पैसे देकर उस पर बैठ सकते हैं। एक सवारी से दो सवारी का पैसा नहीं लिया जाता बशर्ते आपने पूरा रिक्शा न कर लिया हो!

इस गाँधी-ब्रांड यान—यानी रिक्शे ने, इक्केवालों की कमर तोड़ दी है और ताँगेवालों की हालत पतली कर दी है। लोकप्रियता का प्रमाण इससे बड़ा और क्या हो सकता है कि इस समय बनारस में सम्भवतः नगर की आबादी में; दस परसेंट रिक्शाचालक हैं।

हाँ, इस प्रगति युग में भी, जबकि सरकार की मुख्य एनर्जी 'नव-निर्माण' में सर्फ़ हो रही है, कुछ सड़कें 'सौत के बच्चों' की संज्ञा से विभूषित हैं। ऐसी सड़कों पर अगर रिक्शे पर सवारी की जाए तो लगभग वही अनुभव प्राप्त हो जाता है, जो फुटबाल को खिलाड़ियों के पैरों का।

रिक्शेवाले ज़रा 'तबीयतदार' होते हैं। उनकी यह 'तबीयतदारी' ढालदार सड़कों पर देखने में आती है। सवारी के साथ ही रिक्शे और अपने शरीर की 'मरम्मत' करवाने में वह 'गौरव' का अनुभव करता है।

आजकल रिक्शों में भी दो क्वालिटी दीख पड़ती हैं। 'टैक्सी' और 'टरकाऊ'! टैक्सी उसे कहते हैं, जिनकी गद्दी और ढाँचे में 'आधुनिकता' घुसी रहती है और 'टरकाऊ', वही 'बाबा आदमी'! स्पष्ट है, 'टरकाऊ', 'टैक्सी' के समक्ष 'फीका' मालूम होगा।

बनारस में टैक्सियाँ इफ़रात हैं, पर उनका किराया बम्बई-कलकत्ता की टैक्सियों से बीस गुना अधिक है। सारनाथ, रामनगर और विश्वविद्यालय के दर्शन के लिए इनका उपयोग किया जाता है, पर आश्चर्य होता है कि इतना किराया क्यों?

क्या इसमें भी गहरेबाज़ी होती है ? गोकि टैक्सियों की पूछ विवाह आदि के मौके पर ही अधिक होती है।

सरकारी बसें

अभी हाल से बनारस में बसें चलने लगी हैं। अब इसे बनारस में यातायात के लिए प्रमुख यान मान लिया गया है। एक तरह से इसे रिक्शों का 'इंलार्जमेंट' कहा जा सकता है। रिक्शों में एक सहूलियत यह है कि उस पर माल लादकर स्वयं बैठ जाइये। आपको माल ढुलाई का किराया नहीं देना पड़ेगा—बसों में देना पड़ता है। बनारस की बसों में दो—एक नहीं, बहुत-सी विशेषताएँ हैं। मसलन यहाँ की बसें अन्य बड़े शहरों की भाँति नहीं है जो केवल स्टापेज़ों पर खड़ी होती हैं, जितनी सीट रहेगी उतनी सवारी लेंगे। यहाँ यह सब नियम नहीं है। बस कंडक्टर अधिक-से-अधिक सवारी लेने का प्रयत्न करता है, आख़िर सभी को जाने की जल्दी रहती है। नाहक परेशान होगा, इस मायने में कंडक्टर बड़ा दयालु होता है। जब जहाँ जी चाहा, गाड़ी आपके सामने खड़ी हो जाएगी। अगर आपका घर या दफ़्तर दो स्टापेज़ों के बीच है तो कंडक्टर से कह दीजिए, वह आपको दरवाज़े पर उतार देगा। यहाँ ड्राइवर और कंडक्टर दोनों ही बड़े उदार, सज्जन और मानवतावादी है। बशर्ते उनकी गाड़ी लेट न हो अथवा ड्राइवर साहब का मूड बिगड़ा हुआ न हो। अगर गाड़ी लेट है और आपको जिस स्टापेज़ पर उतरना है, अगर आप ज़रा चूक गये तो तीसरे स्टापेज़ पर आपको उतार दिया जाएगा। अगर ड्राइवर साहब का मूड ख़राब है तो इस प्रकार मुँह बनाएँगे मानो महामुनि अष्टावक्र के वंशज हैं। साथ ही फर्माएँगे—'यह सरकारी बस है, खाला जी का घर नहीं है। आपने इसे रिक्शा समझ लिया है कि जहाँ मन में आया, रुकवा लेंगे।'

आप भले ही सोचते रह जाएँ कि आखिर कल इसी ड्राइवर ने मेरे कहने पर यहाँ गाड़ी रोकी थी—आज इसे क्या हो गया ! इसे अपना-अपना 'मूड' कहते हैं—भाई साहब !

बनारसी साँड़

'साँड़' शहर से मेरा मतलब उस चौपाये से है, जिसे पूँछ तो रहती है, साथ ही त्रिशूल के फल की तरह दो सींग भी है, जिन्हें बधिया नहीं बनाया जाता। नगरपालिका की कूड़ा गाड़ी को कौन कहे, बैलगाड़ी अथवा हल में भी जो कभी जोते नहीं जा सकते। जो हर गली और हर सड़क पर मस्ती के साथ झूमते हुए चलते हैं। जिन्हें दायें-बायें की कोई फ़िक्र नहीं रहती, जो दफा 144, कर्फ्यू अथवा मार्शल लॉ के कानून के पाबन्द नहीं हैं। 'यह सड़क मरम्मत के लिए बन्द है', 'यहाँ मल-मूत्र करना मना है'—इन कानूनों का उल्लंघन करना जिनका जन्मसिद्ध अधिकार है, ऐसे ही एक दर्शनीय जीव को हम साँड़ के नाम से सम्बोधन करते हैं।

साँड़ एक ऐसी नस्ल का, एक ऐसी कौम का और ऐसे निरीह किस्म का जानवर है जो हिन्दुस्तान और पाकिस्तान में ही नहीं, बल्कि दुनिया के तमाम मुल्कों में पाया जाता है। फ़र्क सिर्फ रंग और डील-डौल का होता है। रूसी साँड़ चितकबरे और प्रकृति से कम्युनिस्ट होते हैं, अमेरिकी साँड़ बादामी रंग के पूँजीवादी टाइप के होते हैं, फ्रांसीसी ज़रा दुबले-पतले और नाज़ुक होते हैं। पाकिस्तानी साँड़ बुर्कापोश और हिन्दुस्तानी साँड़ सफ़ेदपोश होते हैं। कहने का मुख्य मतलब यह है कि जंगल और मैदानी इलाकों में हर जगह हर किस्म के साँड़ पाये जाते हैं।

साँड़ों की नगरी

लेकिन दुनिया में पाये जानेवाले किसी भी स्थान से कहीं अधिक साँड़ बनारस में हैं। कम्युनिस्ट, पूँजीवादी, आतंकवादी, समाजवादी, गाँधीवादी और सर्वहारा—सभी प्रकार के साँड़ यहाँ घूमते रहते हैं। कहा जाता है कि तीन लोक में एक ही साँड़ था जिस पर बाबा विश्वनाथ सवारी करते थे। आज के जितने साँड़ सारे संसार में हैं, वे सब उसी साँड़ की औलाद हैं, जैसे आदम की औलाद आदमी और मनु के पुत्र मनुष्य दुनिया में बिखर गये हैं।

काशी तीन लोक से न्यारी है। वह शेषनाग के फन पर अथवा शंकर के त्रिशूल पर स्थित है। चूँकि काशी बाबा की राजधानी है, जाड़े के दिनों में वे यहीं रहते हैं, गर्मी में पहाड़ पर आबोहवा बदलने चले जाते हैं, इसलिए यह ज़रूरी है कि साँड़ अपने मालिक के राज्य में काफी तादाद में रहें, क्योंकि ज़माना तटस्थ रहते हुए भी गुर्राहट और हमले की आशंका से भयभीत है। ऐसी हालत में पता नहीं, कब किसकी और कितनी संख्या में ज़रूरत पड़ जाए। यही कारण है कि काशी को अपना अस्तबल समझकर साँड़ इतनी आज़ादी से रहते हैं।

इसके अलावा काशी में साँड़ों की अधिकता होने का दूसरा कारण यह है कि कुछ लोग बगैर इनकम टैक्स, सेल टैक्स और सुपरटैक्स अदा किये बेरोक-टोक शिवलोक जाना पसन्द करते हैं। मुमकिन है ऐसे ही शरीफ़ों के लिए तुलसीदासजी ने काशी को मुक्ति, ज्ञान की खान कहा है। हर तरह के जरायम यानी हत्या करने के बाद भी काशी में चले जाइए। यह निश्चित है कि आपको मुक्ति मिल ही जाएगी, बशर्ते आप गोदान न कराकर अपने जीवित काल में ही वृषोत्सर्ग करा दें अथवा अपने वारिस को चेतावनी दे दें कि गया में पिंडदान, तेरही का भोज, बर्सी और गोदान भले न करें, लेकिन वृषोत्सर्ग अवश्य कर दें। इससे आपको दोहरा पुण्य लाभ होता है। पहला यह कि वृषोत्सर्ग से शिवलोक का रास्ता खुल जाता है, यह शास्त्रीय मत से पुण्य है। दूसरे एक बेचारे निरीह पशु को जिसे ये नरपिशाच बधिया बनाकर आजीवन किसी हल या बैलगाड़ी के नीचे जोत देते हैं, उसे मुक्ति मिल जाती है।

कहा जाता है बनारस नगरपालिका के किसी सदस्य ने एक बार यह सुझाव दिया था कि काशी की सड़कों पर जो बहुत से साँड़ लावारिस घूमते हैं उनका उपयोग कूड़ागाड़ी खींचने में किया जाए। इसकी सूचना काशी के साँड़ों को मिल गयी। एक दिन जब वे स्टेशन से घर वापस आ रहे थे तब दो साँड़ों ने उनकी ऐसी ख़ातिर की कि बेचारे महीनों अस्पताल में पड़े रहे। इस घटना के बाद किसी सदस्य ने इन साँड़ों के प्रति आक्षेप नहीं किया।

ख़ैर, यह कहानी कहाँ तक सच है, कहा नहीं जा सकता। लेकिन यह स्पष्ट है कि नगरपालिका भूलकर भी कभी इनका उपयोग नहीं करती। दुनिया के तमाम चौपायों के लिए कांजीहौज का दरवाज़ा खुला रहता है, लेकिन इन साँड़ों के लिए खुला दरवाज़ा भी बन्द हो जाता है। अगर कहीं आँख बचाकर चले भी गये तो मारकर भगा दिये जाते हैं।

दो-चार साँड़ों को छोड़कर, जो ग्वाल के ख़ास हैं, बाकी सभी दगे हुए साँड़

वास्तव में बनारसी साँड़ हैं। यों मनौती मनानेवाले बकरे का भी कान काटकर छोड़ देते हैं। वृषोत्सर्ग किये साँड़ों के पीठ पर छोटा त्रिशूलवाला लोहा दाग़कर छोड़ा जाता है। बकरा छोड़ देने के बाद कुछ दिनों तक इधर-उधर दिखाई देता है, फिर कहीं ग़ायब हो जाता है। लेकिन साँड़ों की संख्या ज्यों-की-त्यों बनी रहती है। बनारस यदि पाकिस्तान में होता तो शायद साँड़ों की संख्या इतनी न होती।

साँड़ पूज्य हैं

काशी के साँड़ों की पूजा होती है। शिव-वाहन होने के कारण ही वे पूज्य हैं। क्योंकि उनकी पीठ पर कूबड़ के रूप में स्वयं शिव जी विराजमान रहते हैं। जो साँड़ जितना मोटा होगा, उसका कुबड़ उतना ही बड़ा होगा। इनसान को भले ही खाने को न मिले, लेकिन इन्हें फल, मीठा और फूल खिलाया जाता है। बाक़ायदे पाँव दबाये जाते हैं, नमस्कार किया जाता है। जैसे किसी मन्त्री से काम निकालने के लिए उनके प्राइवेट सेक्रेटरी की ख़ातिर की जाती है ठीक उसी प्रकार शिव भक्ति का प्रदर्शन साँड़ों के जरिये किया जाता है।

कुछ ऐसे भी साँड़ हैं जो भोजन न पाने पर किसी सट्टी में घुस जाते हैं, भर पेट न सही, भर मुँह अवश्य खा लेते हैं। खोमचों वालों का थाल उलट देना, किसी होटलवाले के यहाँ मेहमान बन जाना मामूली बात है। मज़ा यह कि इतना होने के बावजूद इन्हें सज़ा नहीं दी जाती।

पाकिस्तान के निर्माता

बनारस में अब तक जितने भी दंगे हुए उन सबकी मूल में इन साँड़ों का ही हाथ रहा। चौक में या अन्य कहीं दो साँड़ आपस में जुट गये, बस भगदड़ मच गयी और यह अफ़वाह फैल गयी कि 'चल गयी' यानी दंगा शुरू हो गया। फिर झटपट दुकान बन्द, भगदड़ और इसी बीच किसी गुंडे ने किसी के पेट में कुछ झोंक दिया तो सवेरे नमक मिर्च मिलाकर लोगों की ज़बान चल गयी और समाचार पत्रों में घटना छप गयी।

रामराज्य परिषद् के एक सदस्य से मैंने पूछा, क्यों साहब! आप लोग गोवध बन्दी आन्दोलन चला रहे हैं, ठीक है। लेकिन साँड़ रक्षक आन्दोलन क्यों नहीं चलाते? अगर साँड़ नहीं रहेंगे तो गायों की संख्या कैसे बढ़ेगी, आप दूध, दही, मक्खन कैसे खाएँगे?

उन्होंने फ़रमाया हम इस आन्दोलन में साँड़ों की वकालत इसलिए नहीं कर रहे हैं कि वे दरअसल ग़द्दार हैं, इतिहास के कलंक हैं। बनारस में ही नहीं, विभिन्न नगरों में हुए दंगों के मूल जन्मदाता यही हैं। यदि ये दंगे न होते तो आज भारत अखंड बना रहता और पाकिस्तान बनने की नौबत न आती। पर हक़ीक़त यह है कि ये पाकिस्तान के मित्र हैं। यहाँ मुफ़्त का माल खाकर मोटे हो रहे हैं।

गौरैया शाही

गौरैया शाही काशी की एक अद्‌भुत घटना है। सन् 1852 में काशी में फाटक बन्दी तोड़ने का हुक़्म जारी हुआ, उन्हीं दिनों वृषोत्सर्ग किये गये साँड़ पकड़ कमसरियट पहुँचाने का भी हुक़्म जारी हुआ। जनता ने इसका विरोध करना शुरू किया। इनके तत्कालीन अगुआ भाऊ जानी तथा वीरेश्वर जानी थे। इसका ख़ास कारण था। उन दिनों गुजरात, काठियावाड़ तथा अन्य स्थानों के आस्तिक हिन्दू अपने पितरों के नाम जो साँड़ 'वृषोत्सर्ग' करके छोड़ते थे, उनके भूसे के लिए कुछ वार्षिक भेजा करते थे। उक्त सारी रकम वीरेश्वर व भाऊ जानी के पास आती थी। इसी से उन्होंने साँड़ों को कमसरियट पहुँचाने का विरोध किया, लेकिन इस विरोध का कोई असर नहीं हुआ। तत्कालीन कलेक्टर श्री ग्राविंस ने जनता के प्रतिनिधियों को नाटी इमली पर एकत्र किया, परन्तु समझौता नहीं हो सका। इतने में ही जनता कुम्हार की दुकान से गौरैया उठा-उठाकर कलेक्टर और पं. गोकुलचन्द कोतवाल पर फेंकने लगी। कई अफ़सर इसी हुड़दंग में घायल हो गये। इसी कांड को 'गौरैया शाही' कहते हैं। नतीजा यह हुआ कि फाटक बन्दी तो तोड़ दी गयी, लेकिन दगे साँड़ों का पकड़ा जाना रोक दिया गया।

बेताज के बादशाह

बुलबुल की लड़ाई, तीतर, बटेर, मुर्ग की लड़ाई आपने देखी होगी। मेढ़ा, भैंस, बिल्ली और कुत्तों की लड़ाई भी आपने देखी होगी। इनके लड़ने का समय और स्थान होता है, पर साँड़ों की लड़ाई में न समय देखा जाता है और न बाज़ी लगायी जाती है। जब जी चाहा और जहाँ तबियत हुई लड़ पड़े। यह आपकी शराफ़त है कि आप बग़ल हट जाते हैं और अपनी दुकान समेट लेते हैं।

जब किसी साँड़ को लड़ने की इच्छा होती हैं तब वह गधे की तरह चिल्लाता नहीं। एक मनोवैज्ञानिक ने लिखा है कि गधे हर घंटे पर इस तरह चिल्लाते हैं कि जनता को समय का अन्दाज़ा लग जाए। लेकिन साँड़ उस समय गरजेगा जब

उसका सिर खुजलाएगा। किसी गली की मोड़ पर आकर गरज उठेगा अर्थात् 'है कोई लड़ने वाला'? अगर उस गली में कोई हुआ तो एक बार निगाह उठाकर गरजनेवाले की ओर देखेगा। अगर वह यह समझ जाता है कि मैं इसे पछाड़ दूँगा तो वह विपक्षी से भी तेज़ आवाज में गरज उठेगा—'आओ बेटा, एक हाथ हो जाए'। वरना चुपचाप चल देगा। कभी-कभी दो साँड़ सड़क के दोनों ओर से केवल फुँकारते हुए गुज़र जाते हैं, दोनों ही एक-दूसरे को पहलवान समझते हैं, लेकिन एक दूसरे की बेइज़्ज़ती करना नहीं चाहते।

अगर लड़ने की इच्छा हुई तो एक बार फुत्कारा और खटाक् से, जैसे दो प्रेमियों की आँखें या दिल आपस में टकरा जाते हैं, इसके बाद आगे-पीछे खिसकते रहते हैं, उस समय सारा आवागमन रुक जाता है। यदि कोई साँड़ कमज़ोर होता है और भागने की फ़िक्र में रहता है तो दूसरा ज्यों ही यह भाँप लेता है त्यों ही जहाँ मौका मिला सींग से मारना शुरू कर देता है। अगर उस समय 'हुर्र छे' की आवाज़ हुई तो कायर साँड़ भी शेर बन जाते हैं। इस तरह इनकी लड़ाई केंचुए-सी लसड़-पसड़ चलती रहती है और तब तक चलती है जब तक कि दोनों लहू-लुहान न तो जाएँ। बहादुरी और ज़िन्दादिली के ये जीते-जागते प्रतीक हैं।

पता नहीं, किस दिलजले ने 'राँड़, साँड, सीढ़ी, संन्यासी' की तुक में इनका नाम जोड़ दिया। आज अगर 'दास मलूका' जीवित होते तो उन्हें यह पद्य फिर से इस तरह लिखना पड़ता—

अजगर करे न चाकरी साँड़ करे नहिं काम।
दास मलूका कह गये सबके दाता राम॥

बनारसी पान

बनारसी पान सारे संसार में प्रसिद्ध है। बनारस में पान की खेती नहीं होती। फिर भी बनारसी बीड़ों की महत्ता सभी स्वीकार करते हैं। लगभग सभी क़िस्मों के पान यहाँ, जगन्नाथ जी, गया और कलकत्ता आदि स्थानों से आते हैं। पान का जितना बड़ा व्यावसायिक केन्द्र बनारस है, शायद उतना बड़ा केन्द्र विश्व का कोई नगर नहीं है। काशी में इसी व्यवसाय के नाम पर दो मुहल्ले बसे हुए हैं। सुबह सात बजे से लेकर ग्यारह बजे तक इन बाज़ारों में चहल-पहल रहती है। केवल शहर के पान विक्रेता ही नहीं, बल्कि दूसरे शहरों के विक्रेता भी इस समय इस जगह पान खरीदने आते हैं। यहाँ से पान 'कमाकर' विभिन्न शहरों में भेजा जाता है। 'कमाना' एक बहुत ही परिश्रमपूर्ण कार्य है—जिसे पान का व्यवसायी और उसके घर की महिलाएँ करती हैं, यही 'कमाने' की क्रिया ही बनारसी पान की ख्याति का कारण है। इस समय भी बनारस में दस हज़ार से अधिक पुरुष और स्त्रियाँ 'कमाने' का कार्य करते हैं। कमाने का महत्त्व इसी से समझा जा सकता है कि इस समय जो पान बाज़ार में हरी देशी पत्ती के नाम पर चालू है, उसे ही लोग एक साल तक पकाते हुए उसकी ताज़गी बनाये रखते हैं। ऐसे पानों को 'मगही' कहा जाता है। मगही जब सस्ता होता है तब पैसे में बीड़ा मिलता है, लेकिन जब धीरे-धीरे स्टाक समाप्त होने लगता है तब चार आने बीड़ा तक दाम देने पर प्राप्त नहीं होता।

यों बनारस जनता मगही पान के आगे अन्य पान को 'घास' या 'बड़ का पत्ता' संज्ञा देती है, किन्तु मगही के अभाव में उसे जगन्नाथी पान का आश्रय लेना पड़ता है, अन्यथा प्रत्येक बनारसी मगही पान खाता है। इसके अलावा साँची-कपूरी या बंगला पान की खपत यहाँ नाम मात्र की होती है। 'बंगला पान' बंगाली और मुसलमान ही अधिक खाते हैं। मगही पान इसलिए अधिक पसन्द किया जाता है कि वह मुँह में जाते ही घुल जाता है।

पान खाने की सफ़ाई

बनारस के अलावा अन्य जगह पाना खाया जाता है, लेकिन बनारसी पान खाते नहीं, घुलाते हैं। पान घुलाना साधारण क्रिया नहीं हैं। पान का घुलाना एक प्रकार से यौगिक क्रिया है। यह क्रिया केवल असली बनारसियों द्वारा ही सम्पन्न होती है। पान मुँह में रखकर लार को इकट्ठा किया जाता है और यही लार जब तक मुँह में भरी रहती है, पान घुलता है। कुछ लोग उसे नाश्ते की तरह चबा जाते हैं, जो पान घुलाने की श्रेणी में नहीं आता। पान की पहली पीक फेंक दी जाती है ताकि सुर्ती की निकोटिन निकल जाए। इसके बाद घुलाने की क्रिया शुरू होती है। अगर आप किसी बनारसी का मुँह फूला हुआ देख लें तो समझ जाइए कि वह इस समय पान घुला रहा है। पान घुलाते समय वह बात करना पसन्द नहीं करता। अगर बात करना ज़रूरी हो जाए तो आसमान की ओर मुँह करके आपसे बात करेगा ताकि पान का, जो चौचक जम गया होता है, मज़ा किरकिरा न हो जाए। शायद ही ऐसा कोई बनारसी होगा जिसके रूमाल से लेकर पायजामे तक पान की पीक से रँगे न हों। गलियों में बने मकान कमर तक पान की पीक से रंगीन बने रहते हैं। सिर्फ इसी उदाहरण से स्पष्ट है कि बनारसी पान से कितनी पुरदर्द मुहब्बत करते हैं। भोजन के बाद तो सभी पान खाते हैं, लेकिन कुछ बनारसी पान जमाकर निपटने (शौच करने) जाते हैं, कुछ साहित्यिक पान जमाकर लिखना शुरू करते हैं और कुछ लोग दिन-रात गाल में पान दबाकर रखते हैं।

बनारसी पान का महत्त्व

बनारसी पान का खास महत्त्व यद्यपि उसके 'कमाने' से सम्बन्धित है तथापि बनारसी पान में व्यवहृत होने वाली सामग्रियों का भी कम महत्त्व नहीं है। यद्यपि इन्हीं सामग्रियों से देश के प्रत्येक कोने में पान लगाया जाता है, तथापि बनारसी पान-विक्रेता उसमें अपनी मौलिकता दे देता है। हर पान को लगाने के पहले ख़ूब साफ़ कर लिया जाता है, फिर गीले कपड़े से सुपारी काटकर पानी में भिगो दिया जाता है जिससे उसका कसैलापन दूर हो जाए। इसके बाद भीगी हुई सुपारी प्रयोग में लाते हैं। कड़ापन न रहने से यह सुपारी मगही या अन्य पान के साथ तुरन्त घुल जाती है।

बनारसी पान में कत्था विशेष ढंग से बनाकर प्रयोग किया जाता है। पहले कत्थे को पानी में भिगो देते हैं। अगर उसका रंग अधिक काला हुआ तो उसे दूध

में भिगोते हैं। फिर उसे पकाकर एक चौड़े बर्तन में फैला दिया जाता है। कुछ घंटे बाद जब कत्था जम जाता है तब उसे एक मोटे कपड़े में बाँधकर सिल या जांता जैसे वज़नी पत्थर के नीचे दबा देते हैं। इससे कसैलापन और गरमी निकल जाती है। इसके पश्चात् सोंधापन लाने तथा बाकी कसैलापन निकालने के लिए उसे गरम राख में दबा दिया जाता है। इतना करने पर वह कत्था थक्का-सा हो जाता है। उसका रंग काफी सफ़ेद हो जाता है। कत्थे के इस थक्के में पानी मिलाकर ख़ूब घोंटकर और इत्र-गुलाबजल आदि मिलाकर तब पान में लगाया जाता है। इस तरह से बनाया हुआ कत्था बनारसी पान की जान है।

बनारसी पान में जिस प्रकार कत्था-सुपारी अपने ढंग की होती है, उसी प्रकार चूना भी। ताज़ा चूना यहाँ कभी प्रयोग में नहीं लाते। पहले चूने को लाकर पानी में बुझा दिया जाता है, फिर तीन-चार दिन बाद उसे ख़ूब घोंटकर कपड़े से छान लिया जाता है। इससे चूने के सारे कंकड़ वगैरह छन जाते हैं। छने हुए चूने का पानी जब बैठ जाता है तब उसके नीचे का चूना काम में लाया जाता है। यदि चूना तेज़ रहता है तो उसमें दूध या दही का पानी मिलाकर उसकी गरमी निकाल दी जाती है।

पान की दुकान की मर्यादा

बनारस में पान की हज़ारों दुकानें हैं। इसके अलावा 'डलिया' में बेचनेवालों की संख्या कम नहीं है। प्रत्येक चार दुकान या चार मकान के बाद आपको पान की दुकानें मिलेंगी। महाल के मकानों, गलियों और सारे शहर की सड़कों पर पान की पीक की मानों होली खेली जाती है। पान में इतनी सफ़ाई रहने के बावजूद पान खानेवाले शहर को गन्दा किये रहते हैं। वैसे यहाँ का दुकानदार अपनी दुकान में किसी क़िस्म की गन्दगी रखना पसन्द नहीं करता। सिवाय अपने हाथ और कपड़ों को कत्थे के रंग से रंगकर रखने के, वह सभी सामान ख़ूब साफ़ रखता है। आदमकद शीशा, कत्थे का बर्तन, चूने की कटोरी, सुपारी का बर्तन और पीतल की चौकी माँज-धोकर वह इतना साफ़ रखता है कि बड़े-बडे कर्मकांडी पंडित के पानी पीने का गिलास भी उतना नहीं चमक सकता।

याद रखिए कोई भी बनारसी पान विक्रेता अपने पान की दुकान की चौकी पर हाथ लगाने नहीं देगा और न लखनऊ, दिल्ली, कानपुर, आगरा की तरह चूना माँगने पर चौकी पर चूना लगा देगा कि आप उसमें से उँगली लगाकर चाट लें। आप सुर्ती खाते हैं तो आपको अलग से सुर्ती देगा—यह नहीं कि ज़र्दा पूछा और

अपनी इच्छा के अनुसार जर्दा छोड़ दिया। यहाँ तक कि चूना भी आपको अलग से देगा। आप उसकी दुकान छू दें, यह उसे कतई पसन्द नहीं, चाहे आप कितने बड़े अधिकारी क्यों न हों! आपको पान खाना है, पैसा चौकी पर फेंकिए, वह आपके लिए दिल्ली, लखनऊ की तरह पहले से पान में चूना-खैर लगाकर नहीं रख छोड़ता। आपकी माँग के अनुसार वह तुरन्त लगाकर आपको पान देगा। कुछ जगहों पर पहले चूना लगाकर उस पर कत्था लगाते हैं। बनारस में यह नियम नहीं है। इससे पान जल जाता है और पूरा स्वाद नहीं मिलता। यहाँ चूने को थोड़ा-सा एक कोने में लगा देते हैं। प्रत्येक बनारसी पीली सुर्ती या इधर नयी चली सादी सुर्ती खाना अधिक पसन्द करता है; काली सुर्ती से उसे बेहद चिढ़ है। पीली सुर्ती तेज़ाबी होने के कारण सेहत को नुकसान पहुँचाती है, इसीलिए इधर सादी सुर्ती का प्रचलन हुआ है। सादी सुर्ती को पहले पानी से ख़ूब धो लेते हैं और सारा गर्द-गुबार साफ़ कर लेने के बाद उसमें बराश, छोटी इलायची, पिपरमिंट के चूर तथा गुलाबजल मिलाकर बनाया जाता है। सादी सुर्ती में सबसे बड़ी ख़ूबी यह है कि अधिक खा लेने पर भी चक्कर नहीं देती।

बनारसी पिकनिक

बनारसी पिकनिक किस ढंग से की जाती है, वह क्या है, उसका स्थान कहाँ-कहाँ पर है और कैसे लोग उसमें सम्मिलित होते हैं, इन सब प्रश्नों का उत्तर बिना बनारसी पिकनिक देखे नहीं दिया जा सकता। इसमें सन्देह नहीं कि बनारसी पिकनिक अपने ढंग की निराली है। बड़े-बड़े भोज या पार्टी में वह मज़ा नहीं, वह जीवन नहीं और न वह मस्ती या बहार है, जो बनारसी पिकनिक में है। बनारस में रहकर जो व्यक्ति बनारसी पिकनिक में नहीं गया, वह अपने को बनारसी कहने का गर्व नहीं कर सकता। कहने का मतलब यह है कि बनारसी पिकनिक करनेवाला शुद्ध बनारसी है। इन पिकनिकों में बनारसियों का सही रूप और उनका जीवन देखा जा सकता है। कुछ देर के लिए दर्शक भी आत्मविस्मृत-सा हो जाएगा। इस दुनिया के परे भी कोई दुनिया है, जहाँ न हाइड्रोजन बम है, न राष्ट्रसंघ की चों-चों है और न हैं जीवन की बेबसियाँ। वहाँ तो सारी दुनिया के ग़म को भुलाकर मौज-मस्ती की दरिया में अपने-आपको डुबा लेना ही मुख्य कार्य समझा जाता है।

कहा जाता है कि एकबार जयपुर के महाराज प्रतापसिंह के साथ पद्माकर जी श्रावण में काशी आये थे। यहाँ यह स्मरण रखना होगा कि बनारसी लोग श्रावण में ही पिकनिक का आयोजन करते हैं। सड़क पर कुछ गौनहारिनें गाती हुई जा रही थीं और उनके पीछे कुछ गुंडे 'रंग है री रंग है' आवाज़ देते हुए चल रहे थे। इस दृश्य का कोई तात्पर्य महाराज की समझ में नहीं आया। फलस्वरूप पद्माकरजी को कहना पड़ा—

सावन सखी री मनभावन के संग बालि
क्यों न चलि झूलत हिंडोरैं नव रंग पर;

कहै पद्माकर त्यों जोबन उमंगनि तैं
उमगि उमंगित अनंग अंग-अंग पर।
चारु चुनरी की चारों तरफ तरंग तैसी
तंग अँगिया है तनी उरज उतंग पर;
सौतनि के बदन बिलोकै बदरंग होत
रंग है री रंग तेरी मेंहदी सुरंग पर॥

पिकनिक के स्थल

बनारसी पिकनिक के ख़ास स्थल हैं। सभी जगह मनाने का रिवाज नहीं है और न आनन्द ही आता है। बनारसी भाषा में जिसे 'निछद्दम' कहा जाता है—ऐसे स्थानों पर बनारसी पिकनिकों का आयोजन होता है। बनारस में ऐसे स्थान तीन श्रेणी के हैं। रामनगर, वेदव्यास, सारनाथ और राजातालाब प्रथम श्रेणी वाले स्थान हैं। दुर्गाजी, भास्करा, बेचूवीर और औरातले द्वितीय श्रेणी वाले हैं। तीसरी श्रेणी में तो अनेक स्थान आ जाते हैं। इसके अलावा कुछ लोग विन्ध्याचल आदि स्थानों में भी चले जाते हैं। प्रथम श्रेणी वाले स्थानों पर खास-खास समय पर मेले लगते हैं जो अपने ढंग के निराले होते हैं। रामनगर और वेदव्यास जाड़े के दिनों में, राजातालाब बरसात के प्रथम चरण में, चकिया, सारनाथ बरसात के दिनों में जाते हैं। चूँकि गर्मी बड़ी बेशर्म होती है और उन दिनों बादशाही ढंग से मनाना सम्भव नहीं होता, इसलिए गर्मी में पिकनिक के आयोजन नहीं होते। यह याद रखिएगा कि बनारसी पिकनिक में कंजूसी नहीं बरती जाती। एक बड़ी पार्टी में जो खर्च बैठता है, बनारसी पिकनिक में उससे कहीं अधिक खर्च होता है।

पिकनिक का आयोजन

बनारसी पिकनिक एक-दो व्यक्तियों के गुट से नहीं होता। कम-से-कम तीन या उससे अधिक व्यक्ति एक आयोजन में रहते हैं। हाँ, दो परिवार अगर रहें तो ठीक रहता है, क्योंकि परिवार में केंची-पेंची और रेज़गारियाँ (बच्चे) भी सम्मिलित रहते हैं। लेकिन एक बनारसी पिकनिक में अधिक व्यक्तियों को सम्मिलित भी नहीं करना चाहता। उसके शब्दों में 'भउसा' हो जाता है। अन्य पार्टी या भोज की तरह बनारसी पिकनिक में मेज़ पर बना बनाया भोजन प्लेट में परोसा हुआ नहीं मिलता। वहाँ जानेवाले व्यक्ति 'भोजन' बनाने में मेहनत करते हैं। इसलिए वहाँ जाकर अमुक वस्तु नहीं है, कहाँ मिलेगी—इस चिन्ता से मुक्त रहने के लिए सभी

आवश्यक सामान साथ ले जाते हैं। मेला के अवसर पर हँड़िया, पुरवा, पत्तल, गोहरा और मसाला आदि का टोटा पड़ जाता है तथा महँगा भी मिलता है। इसलिए कुछ लोग घर से ये सामान भी ले जाते हैं—पर बहुत कम लोग ऐसा करते हैं। हाँ, कलछुल, बेलना, कड़ाही और पौना वगैरह ले जाते हैं। यह कोई जरूरी नहीं कि सभी लिट्टी-चुरमा खाएँ। कोई पूड़ी-पोलाव भी खाता है तो कोई पकौड़ी भी तलता है। कहने का मतलब जिसके मन में जो आता है, वही बनाकर खाते हैं।

यह सारी तैयारियाँ कर घर से चलते हैं। जब हुजूम चलता है तब की छटा देखने लायक होती है। रंग-बिरंगी साड़ियाँ, सलवारें, साफा, दुपट्टा और घर-गृहस्थी का पूरा डेरा रिक्शे, ताँगे और इक्के पर चलते हैं। घोड़ों की टापों से सड़क काँप उठती है और मीलों तक सड़क गुंजायमान हो उठती है। लगता है, जैसे दिल्ली से राजधानी दौलताबाद बसने जा रही है। सम्भवतः आपको विश्वास न हो इसलिए आपको लगे हाथ एक उदाहरण दे दूँ। आज से 150 वर्ष पूर्व महाराज जयनारायण घोषाल काशी आये थे। बनारसियों के अलमस्त जीवन का वर्णन उन्होंने जिस ढंग से किया है उसे पढ़ने के पश्चात् बनारसियों के पिकनिक और जन-समारोह के शौक का पता चल जाता है—

नगरेर जत लोक करिया भोजन,
दुर्गायात्रा हेतु सभे करेन गमन।
केहो पालकी चढ़े केहो रथे जाय,
केहो गज, केहो बाजी, जारे जेई भाय।
पद ब्रजे असंख्य लोकेर आगमन,
गले गुल्फे बाहुते बिजटा आभरण।
शिरे पाग गोलाबी, कुसुमी गोलेलार,
शोषणि हरि रंग जतेक प्रकार।
कदाचित सादा पाग काहारो माथाय,
अंग-भंग-रंग-संग युवाजन जाय।
चौड़ा लाल किनारीर धूति केहो परि,
रेशमी किर्म्मिजी धूति जरीर किनारी।
नाना रंगे किमखाब फुलाम मसरू,
केहो बागलता गोल बदन अमरू।

कत शत जरिर उड़ानि देखि गाय,
एईमत सारि-सारि सर्वलोक जाय।
कि लिखि शोभार कथा लय मम मने,
जे मत फुटिलो फूल आनन्द कानने।

इसके बाद निश्चित जगह जाकर स्थान तजवीज़ते हैं। जहाँ पास में पानी की सुविधा हो, वहीं डेरा जमाते हैं।

पिकनिक की बहार

डेरा जम जाने के बाद गोहरा, हँड़िया का इन्तज़ाम कर चूल्हा सुलगाकर उस पर अलग-अलग सामान बैठा दिया जाता है। भात, दाल, तरकारी, खिचड़ी, लिट्टी, पोलाव, पकौड़ी और पूड़ी बनाई जाती है। कोई पानी ला रहा है, कोई मसाला पीस रहा है, कोई चावल बीन रहा है, कोई तरकारी छील रहा है और कोई साफा लगा रहा है। इन पिकनिकों में साफा लगाना और भाँग छानना प्रधान कार्य माना जाता है। उधर हँड़िये में खदबद कर भोजन तैयार हो रहा है, इधर गुरू लोग भाँग काट रहे हैं, साफा लगा रहे हैं। साबुन की पूरी बट्टी एक ही धोती पर घिस जाती है। पेड़ के हर तने पर सफेद धोतियाँ टँग जाती हैं। लगता है—जैसे धोबी घाट है। बनारसी साफा लगाने में अपनी शान समझते हैं—भले वह धोती कल ही धोबी के घर से क्यों न आयी हो, भाँग तो बाबा का प्रसाद है—नशा नहीं।

आँखों में गुलाबी डोर खींचे खेतों में निपटने चले जाते हैं, फिर स्नान कर दिव्य हो, भोजन पर आ जुटते हैं। नंग-धड़ंग बदन और बाँहों की गुल्लियाँ कसरती बनारसी का रंग उभार देती हैं। भोजन के पश्चात् साफा लगाये हुए कपड़ों को पहनकर मन्दिरों में या दर्शनीय स्थलों को देखने चल पड़ते हैं। 'आगे आत्मा पीछे परमात्मा' कहावत यहीं लागू होती है। इसके बाद शाम तक यह क़ाफ़िला घर लौटता है। इसे कहते हैं बनारसी पिकनिक। जहाँ मन की ही नहीं, तन की भी आज़ादी रहती है। है दुनिया के किसी परदे में ऐसी आज़ादी?

यह है बनारस

अधिकतर लोगों का विश्वास है कि विज्ञापन आधुनिक युग की देन है। यह बात बिलकुल बेबुनियाद और बेमतलब की है। इसका प्रत्यक्ष उदाहरण है—काशी नगरी की स्थापना।

आज से पचास वर्ष पहले जिन क्षेत्रों में शंकर के गण और लक्ष्मी के वाहन रहते थे, अब वहाँ आदम की औलादों के लिए भी जगह नहीं। दो आने पर कमरा और दो रुपये प्रति माह किराये पर डाक बँगला मारे-मारे फिरते थे। आज यह हालत है कि कुँवारों की कौन कहे डबल बीवियों के रहते हुए भी अस्तबल तक खाली नहीं मिलता। ऐसी हालत में आप कल्पना कर सकते हैं कि प्राचीन काल में यह उजाड़ खंड नगरी बिना विज्ञापन किये बस गयी?

जिस नगरी में शंकर के गण रहते थे, उसे बताने में उन्हें छट्ठी का दूध याद आ गया होगा। दूर क्यों, लॉर्ड विलियम बेंटिंक के ज़माने में भी यहाँ डकैतियाँ हुआ करती थीं।

यही वजह है कि राजा काश्य ने बड़े तिकड़म से इस नगरी की स्थापना की वरना इसका नाम काशी नगरी कभी न होता। सबसे पहले उन्होंने भारतवर्ष में ऋषि-मुनियों को भेजकर यह प्रचारित करवाया कि काशी 'अविमुक्त क्षेत्र' है, यहाँ मरने पर सीधे शिवलोक का सर्टिफिकेट मिल जाता है, यक़ीन न हो तो यहाँ बसकर देखो। इस प्रसार से यह लाभ हुआ कि कुछ लोग काशी आये और बस गये। धीरे-धीरे यह प्रचार बढ़ता ही गया। उसका नतीजा यह हुआ कि जो लोग मरकर सीधे शिवलोक की सैर करना चाहते थे, यहाँ आकर बसने लगे।

लेकिन इसमें एक दिक्कत यह हुई कि काशी नगरी महाश्मशान बनती गयी। बसाने का उद्देश्य विफल ही रहा। सारा शहर हर वक्त भाँय-भाँय करता रहा। जिन लोगों का, यमराज के यहाँ से परवाना देर में आनेवाला था, वे इस वातावरण में

घबरा गये। आख़िर उन लोगों ने एक तिकड़म किया, जिससे वे लोग जो अपने साथ हैजा, प्लेग, महामारी और चेचक के कीटाणु लेकर यहाँ मरने आये थे, चंगे होने लगे। इस प्रकार शहर में मृत्यु दर घटने लगी और बनारस बसता गया।

तिकड़म

अब सवाल है—यह तिकड़म था क्या? आधुनिक युग के कोट-पैंटवाले उसे अन्धविश्वास कहते हैं और बनारसी भाषा में 'चलउआ', 'टोटका', 'धार' और 'गाँव गोठाई' आदि क्रिया।

अगर किसी मुहल्ले में हैजा-चेचक जैसी बीमारियों के पधारने की आशंका है तो फौरन भाई लोग चन्दा करते हैं और मुहल्ले की त्रिमुहानी पर (जहाँ पीपल या नीम का वृक्ष जरूर रहे) अथवा चौरा माई किंवा कोई देवता रहते हैं; मुहल्ले की औरतें लोटे में पानी लेकर सारे मुहल्ले का चक्कर लगाकर उसकी रक्षा का कार्य कर देती हैं। जिस प्रकार खरदूषण को मारने के लिए जब भगवान राम के बाद लक्ष्मण भी जाने लगे तब उन्होंने सीताजी की कुटिया के दरवाज़े पर धनुष से एक लकीर खींचकर कहा था कि हे देवि, इस लकीर के बाहर मत आना। इसके भीतर सिवाय बड़े भइया के और कोई नहीं जा सकता। ठीक उसी प्रकार मुहल्ले की गोठाई से कोई भी बीमारी उस परिधि को पार कर भीतर नहीं जा पाती।

अगर आपके मुहल्ले में चेचक-हैजा जैसी कोई खतरनाक बीमारी आ गयी है तो फौरन 'चलउवा' निकलवा दीजिए। आपके मुहल्ले की बीमारी तुरन्त दूसरे मुहल्ले में 'ट्रांसफर' हो जाएगी। लेकिन यह काम ज़रा सावधानी से करना पड़ता है वरना सिर्फ आपकी नहीं, मुहल्लेवालों की लाशें सड़क पर मछली की भाँति छटपटाती हुई दिखाई देंगी।

आज भी जब किसी मुहल्ले में ऐसी बीमारियों की दो-चार घटनाएँ लगातार होती हैं तब लोग तुरत सजग हो जाते हैं। रात भर पहरेदारी का कार्य चलता है। नगरपालिका की स्ट्रीट लाइट के अलावा हर घर के दरवाजे पर लालटेन अथवा बिजली के बल्ब रात भर जलते रहते हैं। हर गली के नुक्कड़ पर भाई लोग सेंगरी लेकर पहरा देते हैं। अगर कोई भी संदिग्ध आदमी गठरी लिये दीख गया तो ख़ैरियत नहीं। रात भर 'कहाँ जाला सरवा, जाय न पावे, धर सारे के' आदि आवाज़ें आती हैं। बच्चों को शाम के पहले ही खाना खिलाकर सुला दिया जाता है, ताकि वे 'हदस' (डर) न जाएँ। गृहणियाँ भय के कारण काँपती रहती हैं, पर देवर लोग समझाते रहते हैं—'भउजी, तू डरा जिन—बेखटके सूता। हम लोगन के रहते, कौन

सरवा चलउवा लेके आई। बिछाके रख देब सारन के।'

कभी-कभी ऐसा होता है कि दूसरे मुहल्लेवाले अपनी आफ़त जब चलउवा के जरिये पड़ोस के मुहल्ले में रख जाते हैं तब इसका पता ओझाई के ज़रिये लगाया जाता है। ओझाई के ज़रिये सिर्फ उस व्यक्ति का नाम ही नहीं ज्ञात होता, बल्कि और भी अनेक रहस्य ज्ञात हो जाते हैं। जो व्यक्ति इस क्रिया को जानता है, उसका मुहल्ले में बड़ा सम्मान किया जाता है। ओझाई की एक प्रक्रिया को 'हबुआना' भी कहा जाता है। किस व्यक्ति के कारण मुहल्लेवालों के ऊपर यह आफ़त आयी इस बात का पता भले ही ज्योतिषीगण न बता सकें, सी.आई.डी. वाले फेल हो जाएँ, पर ओझाई के जरिये ज़रूर पता लग जाता है। सिर्फ यही नहीं, बल्कि इसका निराकरण कैसे होगा इस बात का पता भी लग जाता है। यही वजह है कि इस क्रिया पर अधिक विश्वास किया जाता है।

पता नहीं, इन क्रियाओं से कुछ लाभ होता है या नहीं, पर ऐसी घटनाएँ प्रत्येक वर्ष शहर के विभिन्न अंचलों में होती हैं। जहाँ बड़े-बड़े डॉक्टर, हक़ीम और वैद्य फ़ेल हो रहे हों, वहाँ चलउआ—ओझाई रामबाण ही नहीं 'दशरथ-बाण' की तरह असर करता है। उतारा के ज़रिये रोगी की बीमारी तुरन्त ट्रांसफर कर दी जाती है। किसी भी त्रिमुहानी पर रकसवा कोहड़ा, काग़ज़ की पालकी, पान, सुपारी, फूल, माला, बतासा और पंचमेवा रख दिया जाता है। कहीं-कहीं बकरी का बच्चा बाँध दिया जाता है। अगर किसी को मालूम हो जाए कि अमुक त्रिमुहानी पर उतारा रखा हुआ है तो वह भूलकर भी उधर से घर नहीं जाएगा। लोगों का ऐसा विश्वास है कि जो व्यक्ति पहले-पहल 'उतारा' लाँघता है 'उतारे' का प्रभाव उस पर पड़ता है। इसीलिए हर व्यक्ति यही सोचता है कि सम्भवत: मैं ही पहला व्यक्ति हूँ। उतारा-चलउवा के नाम पर आज भी बड़े-बड़े महारथी दहल जाते हैं। उतारा रखते वक़्त पीछे मुड़कर नहीं देखा जाता और रखते वक़्त टोक-टाक करने पर उसका असर नहीं होता। यही वजह है कि यह काम चुपचाप होता है।

उतारा और चलउवा से कुछ हो या न हो, पर एक क्रिया है—'बान चलाना'। उससे कितनों को मरते देखा गया है। टोटका विज्ञान के अन्वेषकों को चाहिए कि इस विद्या के रहस्य से साधारण जनों का परिचय कराएँ। आज के स्पुतनिक युग में नकली ग्रह की तरह आसमान में हँड़िया चलते देखा गया है और वह जहाँ गिरा है, वहाँ किसी को ले बीता है अर्थात् जिसके नाम पर चला उसकी मौत निश्चित है।

कुछ अन्य प्रथाएँ

चलउवा और उतारा के अलावा बनारस में कुछ ऐसे रहस्य भी हैं जो उनके अपने हैं। मुमकिन है, वैसे दृश्य आपको अन्यत्र कहीं न दीखें। इन रस्मों को बनारसवालों ने इस तरह अपना लिया है मानों जैसे उनकी यही संस्कृति हो।

उदाहरण के लिए गंगा पुजइया। बनारस के अलावा अन्यत्र कहीं यह प्रथा शायद ही देखने में आती हो। विवाह के पश्चात् जब बहू ससुराल आती है तब मुहल्ले भर की औरतें वर-वधू को सजाकर घर से गंगा घाट तक बाजे-गाजे के साथ, 'सोने की थाली में जेवना परोसों' गाती हुई चलती हैं। उस समय बेचारे दूल्हे की हालत पर तरस आता है। मुझे अच्छी तरह याद है कि हजार विरोध करने पर भी मेरे कतिपय मित्रों को गंगा पुजइया में जाना पड़ा था। उनकी नज़रें शर्म से ऊपर नहीं उठती थीं। जब वे घर आये तब यही कहा कि भगवान करे कोई विवाह न करे, अगर करे तो गंगा पुजइया में न जाए।

अक़्सर बनारस में आपने कुछ लोगों को ज़मीन में लेटते तथा निशान लगाकर पुन: उसी जगह से आगे लेटते देखा होगा, यह शयन परिक्रमा है। इससे पुण्य लाभ होता है।

इसी तरह का एक दूसरा दृश्य है—गया दर्शन का प्रदर्शन। आधुनिक युग के लोग जब रूस, चीन आदि देख आते हैं तब पत्रकार गोष्ठी में अथवा 'बार एसोसियेशन' में उनका भाषण होता है, ठीक उसी प्रकार जब कोई दम्पती 'गया' दर्शन कर आता है तब वे लाल रंग की धोती पहने, कन्धे पर एक बाँस की लकड़ी रखे और हाथ में एक लोटा पानी लेकर छिड़कते हुए चलते हैं। जो लोग इस प्रथा के बारे में नहीं जानते, अक़सर ऐसा दृश्य देखने पर चकित रह जाते हैं। कुछ लोग तो सोचते हैं कि बुढ़ऊ ने इस उम्र में दूसरी सगाई (विवाह) की है।

बनारस की ठगी

इतिहास और धार्मिक ग्रन्थों के अध्ययन से पता चलता है कि ठग विद्या आधुनिक युग की नहीं है, बल्कि हमारी सभ्यता और संस्कृति की भाँति प्राचीन परम्परा की एक कड़ी है। जिस प्रकार हम धर्म और संस्कृति की रक्षा करते आ रहे हैं, ठीक उसी प्रकार इस कला की रक्षा करते आ रहे हैं।

प्राचीन काल में इस कला के बड़े-बड़े आचार्य हो चुके हैं। उन लोगों की महती कृपा के कारण इस काल का इतना विकास हुआ कि इसे 'कला' की संज्ञा देकर सम्मानित किया गया। यद्यपि इसकी गणना उपकलाओं में की गयी है, लेकिन इससे इसकी महत्ता में कोई कमी नहीं हुई। देव-दानव से लेकर राक्षस और मानव तक बराबर सुविधानुसार इस कला का उपयोग करते रहे। सम्भव है, प्राचीन काल में इस विद्या के कई केन्द्र रहे हों, जहाँ से प्रति वर्ष अनेक स्नातक डिग्रियाँ लेकर जन-समुदाय में इस कला का प्रदर्शन करते रहे। धीरे-धीरे कुछ लोगों के लिए यह कला जीविका का साधन बन गयी। इन लोगों को ही हम आधुनिक भाषा में 'ठग' कहते हैं।

प्राचीन आचार्य

इस विद्या के जन्मदाता कौन थे, इस विषय पर इतिहास ही नहीं, बल्कि धार्मिक ग्रन्थ भी मौन हैं। कुछ लोगों का कहना है कि इस कला के जन्मदाता स्वयं चतुर्भुज भगवान विष्णु थे, जिन्होंने देवी वृन्दा पर सर्वप्रथम इस कला का प्रदर्शन किया था। श्रीकृष्ण ने महाभारत में, इन्द्र ने कर्ण के साथ और हनुमान ने मेघनाद के साथ जो ठगी की है, उसे सभी जानते हैं।

इस कला के जन्मदाता भगवान विष्णु भले ही रहे हों, पर इस कला के प्रथम आचार्य शिव-पुत्र (कार्तिकेय) थे। काशी शिव की नगरी है और शिव के ज्येष्ठ

पुत्र इस कला के सर्वप्रथम आचार्य हुए अर्थात् 'एक तो तितलौकी, दूसरे नीम चढ़ी' वाली कहावत हुई। इससे यह अन्दाज़ लगाया जाता है कि इस कला का जन्म काशी में ही हुआ था। काशी के लिए यह गौरव का विषय है कि यहाँ के ठगों ने प्राचीन युग की इस कला को लुप्त होने से बचा रखा है।

भारत का प्रामाणिक इतिहास उपलब्ध न होने के कारण यह बताना मुश्किल है कि इस कला के अब तक कितने आचार्य हो चुके हैं? उन्हें इस कला की शिक्षा किस केन्द्र से प्राप्त हुई थी? इस कला के कितने केन्द्र भारत में थे? इस कला के कितने अंग थे? इस कला के स्नातकों को कौन-सी उपाधि दी जाती थी? सबसे बड़ी दु:ख की बात यह है कि इस कला के किसी आचार्य ने मठ, मन्दिर, स्तूप तो क्या भोजपत्र या ताम्रपत्र तक नहीं बनवाये। इससे यह विश्वास होता है कि उन दिनों इसे हीन कार्य माना जाता था। भविष्य में इतिहास के गड़े मुर्दे उखाड़ने वाले किसी विद्वान का ध्यान इस अछूते विषय की ओर अवश्य आकर्षित होगा।

"शिव पुत्र के बाद कनकशक्ति, भास्कर नन्दी और मूलदेव आदि इस विद्या के आचार्य हुए हैं। संस्कृत साहित्य में मूलदेव अधिक प्रसिद्ध हैं। कादम्बरी, अवन्ति सुन्दरी कथा और कथा विलास आदि ग्रन्थों में इनकी चर्चा है। मूलदेव का दूसरा नाम 'कर्णिसुत' था। इनके 'कर्णिसुत-सूत्र' का उल्लेख मिलता है, पर यह ग्रन्थ या इसके उद्धरण तक प्राप्य नहीं हैं।"

पौराणिक ठग

प्राचीन काल में इस विद्या की उत्पत्ति चाहे जहाँ हुई हो, पर आधुनिक युग में इस कला के सर्वश्रेष्ठ आचार्य काशी में हो चुके हैं, ऐसा माना जाता है।

कहा जाता है कि पौराणिक युग में एक ठग ने श्रीकृण पर हाथ की सफाई दिखाई थी। ठग थे—तत्कालीन काशीनरेश पौंड्रक। हजरत अपने को भगवान समझने लगे। बनारस के चार सौ बीस श्रेष्ठ कारीगरों ने जनाब को दो नकली हाथ बनाकर जोड़ दिये। देश देशान्तरों में भगवान रूपी चतुर्भुज काशीनरेश की धूम मच गयी। भगवान राधापति की 'प्रेस्टीज' पर गहरा धक्का लगा। पुराण चीख-चीख कर घोषित कर रहे हैं कि अपनी 'प्रेस्टीज' पर चूना लगानेवाले इस ठग काशीनरेश के लिए राधापति को खंगहस्त होना पड़ा था।

आज के विद्वान पुराणों की ऐतिहासिकता में सन्देह प्रकट करने लगे हैं, सो मारिए गोली। आज से सौ वर्ष पूर्व ईस्ट इंडिया कम्पनी का बनारसी ठगों से खूब

पाला पड़ा था। आधुनिक युग की सबसे बड़ी ठगी 'रेशमी रूमाल ठगी'* को माना जाता है। यह ठगी मध्य भारत में होती थी। उस ठगी का संचालन और रेशमी रूमाल का निर्माण बनारस में ही होता था। शायद इसीलिए लार्ड विलियम वेंटिंक को इसे दबाने के लिए फ़ौज़ भेजनी पड़ी थी।

इसमें सन्देह नहीं कि बनारस की ठगी भी अपने आप में ऐतिहासिक महत्त्व रखती है। धार्मिक नगरी होने के कारण लोग यहाँ धर्म के नाम पर पुण्य लूटने की गरज से और मठ-मन्दिर बनवाने के लिए अपने साथ काफी रकम लाते थे। उस रकम को यहाँ के ठग नकली तीर्थ-पुरोहित बनकर इस तरह उड़ाते थे जिसे देखकर प्राचीन युग के आचार्य को भी पसीना आ सकता था।

स्वर्ग में अपनी सीट रिज़र्व कराने के कांक्षी को पूजा-अर्चना में उलझाकर बेचारे की गर्दन इस सफ़ाई से उतार ली जाती थी कि क्या मजाल जो आँख भी झपक सके। एक ज़माना था जब नकली तीर्थ-पुरोहित दर्शन कराने के लिए अपने अड्डे पर ले जाते थे। अचानक रास्ते में 'जय बाँसदेव' कहते ही पीछे से यजमानों के ऊपर 'बाँसदेव' गिर पड़ते थे। कुछ लोग काशी करवट को इस कांड के लिए अधिक ज़िम्मेदार ठहराते हैं। 'बनारस गजेटियर' के अनेक पृष्ठ इस रक्त-रंजित ठगी के वर्णनों से भरे पड़े हैं।

बनारसी ठग

बनारस में कौन ठग है और कौन रईस, यह बात ज़रा मुश्किल से समझ में आती है। 'ठग ही जाने ठग की भाषा' कहावत के अनुसार जहाँ भाषा में इतना अन्तर है तब उनकी वेश-भूषा और हथकंडों में कितना अन्तर होगा, यह समझने की बात है। सच पूछिए तो बनारसी ठगों की कोई ख़ास पहचान नहीं है। वह आपके पास सरकारी अधिकारी बनकर आ सकता है और आपका साला बनकर भी। 'का जाने केहि भेष में नारायण मिल जाएँ' कहावत की भाँति कब किस वेष में आपको वह ठग सकता है, यह आप नहीं भाँप सकते।

गले में सिकड़ी, आँखों पर चश्मा, पैरों में नागरा जूता, कान में इत्र का फाहा,

* कहा जाता है मध्यप्रदेश में 'रूमाल ठगों' का एक गिरोह था। ये लोग रेशमी रूमाल की सहायता से ठगी करते थे। जब इन्हें यह मालूम हो जाता था कि अमुक यात्री या व्यक्ति के पास रकम है तब ये राह चलते यात्री के पीछे से रेशमी रूमाल का फन्दा फेंककर पीछे खींच लेते थे। रेशमी रूमाल में पैसा रखकर दो गाँठ बाँध दी जाती थीं। जब यह दोनों गाँठ आपस में मिलकर कस जाते थे तब श्वासनलिका दब जाती थी और इस प्रकार दम घुट जाने की वजह से यात्री का प्राणान्त हो जाता था।

तन पर तंजेब का कुर्ता, सर पर दोपल्लिया टोपी पहने और हाथ में चाँदी की मूठ की छड़ी लिये बाज़ार में टहलनेवाला व्यक्ति शहर का नामी रईस हो सकता है और नम्बरी ठग भी। वह व्यक्ति आवारा या शोहदा भी हो सकता है और एक पक्का जासूस भी। इसलिए बनारस में कौन व्यक्ति क्या है, जब तक अच्छी तरह जान न लिया जाए, उसके बारे में राय देना उचित नहीं।

ठगों के माई-बाप नहीं होते। वक़्त ज़रूरत पर वे अपने बाप को भी ठग लेते हैं। कहा जाता है कि एकबार एक सुनार परिवार में उन्हीं के घर की लड़की ससुराल से कुछ सोना लेकर अपने बाप के घर ज़ेवर बनवाने के लिए आयी। बेटा आग में तपाकर ज़ेवर बनाने लगा तभी बाप जान 'राम-राम' कह उठे। बेटे को इशारा समझते देर नहीं लगी। उसने कहा, ''क्या राम-राम बकते हो। सोने की लंका मिट्टी में मिल गयी है।''

बाप ने सोचा था कि बेटा कहीं बहन के प्रति रियायत न बरते। इधर बेटा बाप से भी होशियार निकला। बाप के इशारा करने के पहले ही उसने बहन के ज़ेवर से सोना कपटकर राख में मिला दिया था। यह है ठगों की भाषा का नमूना।

आज तो हालत यह है कि बेटा बाप को ठगता है तो बाप बेटे को। पति पत्नी को ठग समझता है तो पत्नी पति को। अधिक दूर क्यों रेल, बस और रिक्शे पर सवार होते समय लोग अपने सहयात्री को इस प्रकार घूरते हैं मानो किसी 'चाइयाँ' या गिरहकट के पास बैठ रहे हों। सिर्फ़ यही नहीं, बल्कि तुरन्त अपनी अगल-बगल की जेबों को उठाकर सामने की ओर कर लेते हैं ताकि उनका सहयात्री उसका नाजायज़ फ़ायदा न उठा ले।

ठगों के हथकंडे

अगर आप यह सोचते हों कि ख़ास बनारस के व्यक्ति ठगों के चंगुल में नहीं फँसते तो आपका यह ख़्याल गलत है। यह ठीक है कि बनारसी लोग ठगों के अनेक हथकंडों से परिचित हो गये हैं। इधर ठगों का दल भी प्रगतिशील हो गया है। वे नित्य नये हथकंडों का आविष्कार करते रहते हैं।

एक ज़माना था, जब नकली मृत बच्चा बनाकर औरतें आने-जानेवाले मुसाफ़िरों को ठगा करती थीं। परेदशी यात्री बनकर 'हमारा सब सामान चोरी चला गया' कहकर लोग लोटा बेचते हुए दिखाई देते थे। कुछ बाबा दो-एक चमत्कार दिखाकर लोगों को ठगा करते थे। कुछ लोग दूसरों की कमज़ोरी का और औरतों के प्रेमपत्रों को कब्ज़े में कर ठगने का कौशल रचते हैं। नयी कम्पनी, नयी फर्म और नयी

संस्था बनाकर लोगों को ठगना साधारण बात हो गयी है।

सिर्फ़ पुरुष ठग ही इस कार्य में लिप्त नहीं रहते। पुरुषों से कहीं अधिक महिलाएँ इस दिशा में अधिक सक्रिय भाग लेती हैं। एक बार एक दुकानदार के यहाँ चालीस रुपया का कपड़ा लेकर अपने सोते हुए बच्चे को उसके यहाँ रख महिला ठग अपना सौ रुपये का नोट भुनाने के लिए आगे बढ़ गयी। जब काफ़ी देर तक नहीं लौटी तब दुकानदार ने सोचा कि आख़िर लड़का रो क्यों नहीं रहा है? कपड़ा हटाकर जब देखा तब वहाँ लड़के के स्थान पर रबड़ का पुतला था। उस समय तक हज़रत चालीस रुपये का कपड़ा खो चुके थे।

एक बार एक ठग एक प्रसिद्ध सर्राफ के यहाँ एक हज़ार रुपये का ज़ेवर लेकर सौ-सौ के दस नोट देकर चला गया। उसके जाने के थोड़ी देर बाद उसका सहयोगी आया और उसने भी एक हज़ार रुपये का ज़ेवर लिया। इसके बाद उसने कहा—"कैशमेमो काट दीजिये।"

दुकानदार ने कैशमेमो काट दिया। हज़रत बिना रुपया दिये जाने लगे तब दुकानदार ने कहा, "साहब रुपया दीजिए।" उसने कहा, "रुपया मैं आपको दे चुका हूँ। आपने अपने बक्स में रखा है, देख लीजिए।"

आँख के सामने इस तरह ठगी करते देख सर्राफ ने उसे पुलिस के हवाले कर दिया। पुलिस के सामने ठग ने बयान दिया कि मैंने सौ-सौ के दस नोट इन्हें दिये हैं। सभी नोटों पर मेरे हस्ताक्षर हैं। यकीन न हो तो तलाशी लेकर देख लिया जाए। इसके पूर्व जो ठग सौ-सौ के दस नोट दे गया था, उन पर दूसरे ठग के हस्ताक्षर प्रमाणित हो गये। इस प्रकार वह बच गया। बनारस में इस ढंग की भी ठगी होती है।

बाँझ औरतों को बच्चा होने की दवा देनेवाले, आबारा पति को वश में करने के लिए पूजा-पाठ करनेवाले, मुकदमे जितानेवाले और कीमिया (नक़ली सोना) बनानेवालों की कमी यहाँ नहीं है।

बनारसी ठगी का अनूठापन सिद्ध करनेवाले कुछ 'चित्र' प्रस्तुत किये जा रहे हैं। विश्वास है, इससे आपको आनन्द आ जाएगा।

नेपाल के राजपरिवार से सम्बद्ध एक राणा साहब परिवार सहित काशी दर्शन के निमित्त पधारे थे। गंगास्नान करनेवाली औरतों को कलात्मक ढंग से ग़ायब करके उनके शरीर पर के आभूषणों पर हाथ साफ़ कर देने की घटनाएँ पर्याप्त सुख्याति प्राप्त कर चुकी थीं। होता यह था कि गंगा के अन्दर, घाट से दूर खूँटे गाड़ दिये गये थे। घाट से डुबकी लगाकर औरतों को घसीटकर उन्हीं खूँटों में

बाँध दिया जाता था। घटना-स्थल से काफ़ी दूर होने के कारण किसी माई के लाल को रहस्य का भास भी नहीं होता था। आभूषण तो जाते ही थे, लाश तक का कोई पता नहीं चलता था।

उक्त राणा साहब अपने को ज़रा होशियार समझते थे। उन्होंने सोचा, ऐसी घटनाएँ औरतों के शरीर के आभूषणों के कारण ही घटित होती हैं। सो उन्होंने परिवार की औरतों से स्नान के पूर्व शरीर के आभूषणों को उतार देने को कहा। सारे आभूषणों को एक मज़बूत टोकरी के नीचे दबा, उसके ऊपर हाथ में नंगी खुखरी लेकर हज़रत जम गये। मन में ठगों को एक बढ़िया-सी गाली देकर निश्चिन्त हो गये। बनारसी ठगों की नज़र आभूषणों पर पहले ही पड़ चुकी थी और इसका मतलब था, जैसे भी हो, उन पर अधिकार जमाना। औरतों का शरीर निराभूषण था, सो वे व्यर्थ थीं। आकर्षण का केन्द्र राणा साहब ही थे।

थोड़ी ही देर बाद राणा साहब ने देखा, साठ-सत्तर वर्ष का एक वृद्ध स्नानोपरान्त भीगे ही वस्त्रों में सीढ़ी पर चढ़ रहा है। भीड़-भाड़ बहुत थी। अचानक उस वृद्ध की गीली धोती से एक गिन्नी झन्न-से राणा साहब के पास ही गिरी। परन्तु वृद्ध राम-राम कहता हुआ आगे ही बढ़ता गया। राणा साहब ने चौंककर देखा, दस कदम बाद फिर एक गिन्नी, दस कदम बाद एक और—ऐसे ही हर दस कदम बाद बीसों गिन्नियाँ पड़ी थीं, पर लगता था उनकी ओर वृद्ध का ध्यान ही न गया हो। गिन्नियों की चमक ने राणा को विचलित-सा कर दिया। धीरे-से उठे और उन गिन्नियों को समेट ले आये। वृद्ध अदृश्य हो चुका था। गिन्नियों को जेब के हवाले कर वे फिर टोकरी पर जा बैठे। खेल समाप्त हो चुका था। औरतें जब स्नान करके वापस आयीं तब टोकरी के नीचे आभूषणों के स्थान पर बड़ा-सा 'ज़ीरो' रखा था।

अपना एक स्मरणीय अनुभव है। मेरे एक मित्र को हृषिकेश वाला पंचांग चाहिए था। मैंने उसे देखकर दुकानदार से बाँध देने को कहा। तभी पास की एक दुकान में चार-पाँच गृहस्थ स्नान और देव-दर्शन के पश्चात् मस्तक पर चन्दन का तिलक लगाये गोस्वामी तुलसीदास की रामायण खरीदने आये।

दुकानदार ने सर से पैर तक घूरने के बाद ग्राहक को भाँप लिया। फिर रामायण पर छपे पन्द्रह रुपया मूल्य पर उँगली रखते हुए गम्भीर स्वर में कहा, "दाम त देखते, हउवा गृहस्थ, भगत आदमी हउवा, बोहनी क बखत हव, तोसे मोल-चाल न करब, तोरे बदे तेरह रुपया में दे देब। देख, कोई के बताये जिन, नाही त हमरे लिए मुश्किल हो जाई।" (अर्थात् दाम तो देख ही रहे हो, गृहस्थ

आदमी हो, भगत हो, इधर बोहनी का समय है, तुमसे मुनाफ़ा नहीं लूँगा। तेरह रुपया में दे दूँगा, लेकिन किसी को बताना नहीं, वरना मेरे लिए मुश्किल हो जाएगी।)

गृहस्थ बेचारे चमत्कृत हो उठे। सोचा—बनारस में रामायण के विक्रेता भी बड़े भारी भक्त हैं। बेचारा तेरह रुपया देकर रामायण लेकर चला गया, जब कि उसकी क़ीमत चार रुपया थी। इधर मैं यह तमाशा देख रहा था, उधर मेरे दुकानदार ने मेरी लापरवाही का भी फायदा उठा लिया। एक हफ़्ते बाद मेरे मित्र ने मुझे लिखा कि मैंने तुम्हें हृषिकेश वाला पंचांग भेजने को कहा था न कि रद्दी की कतरनों का बंडल।

मैं अपनी मूर्खता पर चमत्कृत हो उठा। कर ही क्या सकता था। स्वर्गीय प्रेमचन्दजी ने भी इसी तरह एक दुकानदार को छह बढ़िया सन्तरा बाँध देने के लिए कहा, जब वे घर ले आये तब सबके सब सन्तरे सड़े निकले।

आजकल ठगी के एक नये हथकंडे का आविष्कार हुआ है। दो आदमी पहले से एक नयी साइकिल लिये टहलते रहते हैं। जहाँ कोई नयी साइकिल खड़ी देखते हैं, वहाँ एक आदमी साइकिल लेकर जाता है और ठीक दूसरी साइकिल के बगल में अपनी साइकिल रख दुकान के भीतर चला जाता है। पहलेवाला व्यक्ति, जिसकी साइकिल बाहर रहती है, उसे सिर्फ़ यही ख़्याल रहता है कि मेरी साइकिल अपनी जगह पर है तो। दूर से अपनी साइकिल की कोई पहचान नहीं कर पाता। इसी बीच जो व्यक्ति (ठग) भीतर जाता है, बाहर आकर पहलेवाले व्यक्ति की साइकिल लेकर गायब हो जाता है और जब पहला व्यक्ति बाहर आकर उस साइकिल पर हाथ रखता है तब ठग का दूसरा दोस्त जो उसी जगह सारी कार्यवाहियों पर नज़र रखता है, आकर बाधा देता है। इस प्रकार पहलेवाले व्यक्ति की आँखों के आगे अँधेरा छा जाता है।

अब तो बनारस के लोग काफ़ी होशियार हो गये हैं। नक़ली साले-रिश्तेदारों पर भी विश्वास नहीं करते। ठगों की सीमा केवल इन्हीं बातों पर स्थिर नहीं है। कुछ ठग पत्रकार बनकर भी ठगते हैं। वे आपकी रचना आपके नाम से छापकर आपके नाम का बाउचर बनाकर रुपया हजम कर लेंगे। आपने सोचा—चलो अच्छा हुआ कम-से-कम मेरी रचना तो छप गयी। उधर सम्पादकजी ने आप पर एहसान-का-एहसान किया और पुरस्कार मुनाफ़े में ले लिया। पत्रकार बनकर कहीं भी किसी जगह रोब जमाकर ठगा जा सकता है, बशर्ते भेद न खुल जाए।

आप विश्वास करें या न करें, कुछ पेशेवर ठग कचहरी के अहाते में 'जमानत'

देने के लिए घूमते-फिरते रहते हैं। ऐसे लोग अक्सर यह पता लगाते रहते हैं कि किसके मकान का टैक्स काफ़ी दिनों से दिया नहीं गया है। हज़रत उनका टैक्स चुका कर रसीद ले लेते हैं और उसी रसीद की बदौलत जमानत के इच्छुक देहातियों से काफ़ी रकम मूड़कर जमानत दे देते हैं। इसके बाद अगर वह आदमी मुकदमा जीत जाता है तो कोई बात नहीं, वरना अदालत से उस मकान-मालिक के नाम कुर्की आ जाती है। उस समय बेचारा मकान-मालिक यह समझ नहीं पाता कि यह कुर्की क्यों आयी? मैंने कब किसकी जमानत दी है?

ऐसे हैं बनारसी ठगी के हथकंडे।

बनारसी संस्कृति

बनारस धार्मिक क्षेत्र ही नहीं है, पंडितों की नगरी भी है। धर्म और संस्कृति का पंडिताऊपन जितना यहाँ है, उतना अन्यत्र नहीं है। आज भी ज्योतिष शास्त्र में काशी के स्टैंडर्ड समय और ज्योतिष की मान्यता सारे देश में है। शायद इसीलिए इस शहर को सांस्कृतिक राजधानी कहा गया है।

सात वार नौ त्योहार की नगरी

हिन्दी में एक कहावत है—'काशी का अद्‌भुत व्यवहार, सात वार नौ त्योहार।' अगर आप काशी में दो एक साल रह जाएँ और आपकी पत्नी कुछ अधिक धर्मपरायण हो तो यक़ीन मानिए इन त्योहारों में खर्चा करते-करते करोड़पति की भी लुटिया डूब जा सकती है। यही वजह है कि बनारस वाले खाने के अधिक शौकीन हैं। पहनने के शौकीन इसलिए नहीं है कि खाने से अधिक पैसा बच ही नहीं पाता, क्या करें बेचारे। जो लोग यहाँ सड़कों पर पुट-पानी देकर टहरान देते हैं, सही माने में वह केवल उनका दिखावा है, अन्तस् से वे असली बनारसी नहीं हैं।

हमें एक बात का गर्व है कि बनारस के अलावा हिन्दुस्तान के किसी भी शहर में इतने प्रेम से इतने अधिक त्योहार नहीं मनाये जाते। भले ही उनका रूप यहाँ साधारण हो, अधिक टीम-टाम न हो और उनमें ऐश्वर्य के दर्शन न हों, लेकिन त्योहार तो श्रद्धा-भक्ति और संस्कृति के अंग होते हैं, उसमें ऐश्वर्य के दर्शन का अर्थ केवल दिखावा मात्र होता है। लखपति के घर के शालिग्राम सोने के सिंहासन पर रहते हैं और गरीब के घर पेपरवेट की तरह ज़मीन पर बेलपत्र और शुद्ध गंगाजल सेवन करते हैं। बड़ों के घर भगवान किराये के पंडित द्वारा पूजित होते हैं और गरीब के घर अशुद्ध मन्त्र पाठ द्वारा पूजित होते हैं, इन दोनों रूपों का सामंजस्य यहाँ के मेलों में, पर्वों में और मन्दिरों में देखा जा सकता है।

सच पूछिए तो पर्व और सामाजिक प्रथाएँ ही संस्कृति के अंग हैं। बनारस में त्योहारों का रूप देखकर यह अनुभव नहीं होता कि हम हाइड्रोजन बम के युग में हैं, भारत में अन्न संकट है, हम विदेशी सहायता पर पल रहे हैं और देश में भयंकर गरीबी है। यद्यपि यह बात ठीक है कि आजकल पहले की तरह पर्व नहीं मनाये जाते, फ़ीका-फ़ीका-सा अनुभव होता है, फिर भी उनका रूप आज भी मौजूद है।

उदाहरण के लिए सूर्यग्रहण को ही ले लीजिए, यह एक बे-मौसम का पर्व है। सूर्यग्रहण का महत्त्व कुरुक्षेत्र में है और चन्द्रग्रहण का बनारस में। लेकिन सूर्यग्रहण के अवसर पर बनारस के कुरुक्षेत्र की दशा देखकर यह विश्वास नहीं होता कि इतनी दुर्गति पंजाब (वर्तमान हरियाणा) के कुरुक्षेत्र की होती होगी।

बनारस का वर्ष प्रथम मेला 'रथयात्रा' माना जाता है। यदि पुरी को भारत के नक्शे से ग़ायब कर दिया जाए तो बनारस के रथयात्रा मेला की तुलना कहीं से नहीं की जा सकती। गर्मी से दग्ध आकुल हृदयों का यहाँ तीन दिनों तक अखंड सम्मेलन होता है। नानखटाई और देशी पान का प्रथम भोग इसी मेले से शुरू होता है। शायद ही ऐसा कोई अरसिक व्यक्ति होगा जो यहाँ की छटा देखकर मुग्ध न हो जाय।

रथयात्रा के बाद बनारस में मेलों की बाढ़ आ जाती है। गर्मी में घरों में बन्द रहने के पश्चात् यहाँ के नागरिक मेला या पर्व में उसी प्रकार भाग लेने लगते हैं, जैसे गौशाला से बाहर उन्मुक्त हवा में आकर गायें उछलने लगती हैं। दुर्गाजी, सारनाथ, संकटमोचन, लोलार्क, सोरहिया, बेचूबीर, प्याले का मेला और अनन्त चौदस आदि पर्व आषाढ़ से भादों तक मनाये जाते हैं। नाग पंचमी के दिन भोर के समय बनारस के गली-कूँचे में 'छोटे गुरु का बड़े गुरु का नाग लो भाई नाग लो' की आवाज़ गूँजने लगती है। दोपहर तक सभी अखाड़ों में बनारसी पट्ठों का दंगल चालू रहता है। यहाँ की 'नाग नथैया' (कालियादहन) जैसी ख़तरनाक लीला करने का ताव शायद ही किसी शहरवाले को हो। इस लीला को देखकर एक बार बड़े-बड़े सूरमा भी 'दहल' जाते हैं। बाढ़ के दिनों में यह लीला देखने के लिए सारा शहर उमड़ पड़ता है। अब तो दुर्घटनाएँ कम होती हैं, वरना प्रतिवर्ष भीड़ और बाढ़ के कारण इस लीला में दो-चार लोगों की जीवनलीला पूरी हो जाती थी।

अनन्त चौदस के बाद बनारस के हर मुहल्ले की रामलीला शुरू हो जाती है। बहुत कम लोगों को यह बात मालूम है कि काशी में रामलीला के जन्मदाता

और प्रथम व्यास गोस्वामी तुलसीदासजी रहे। कहने को काशी शिव की नगरी है, पर रामलीलाओं का रूप देखकर यह अनुभव होता है कि मानो त्रेतायुग में रामचन्द्रजी अयोध्या में नहीं, बनारस में रहते थे। यों तो रामनगर की लीला सारे भारत में प्रसिद्ध है और नित्य बनारस से काफ़ी लोग उस पार 'झाँकी' (लीला) देखने जाते हैं। रामनगर का लंका दहन, लक्सा की फुलवारी-धनुषयज्ञ, चेतगंज, खोजवाँ, शिवानगर और काशीपुरा की नककटैया अपने ढंग की निराली होती है। बनारस की सबसे प्रसिद्ध लीला चेतगंज की नककटैया और नाटी इमली का भरत-मिलाप है। चेतगंज की नक्कटैया देखने के लिए लोग रात बारह बजे से सुबह आठ बजे तक तपस्या करते हैं। नाटी इमली का भरत-मिलाप अपनी सादगी के लिए बेजोड़ है। कहा जाता है, एक बार कोई अंग्रेज़ सज्जन उधर से गुज़र रहे थे। इस लीला को देखकर वे रुक गये। परिहासवश उन्होंने अपने चपरासी से पुछवाया कि रामायण में के हनुमान तो समुद्र लाँघ गये थे, क्या यह हनुमान सामनेवाली वरुणा नदी लाँघ सकते हैं?

सुना जाता है—यह चैलेंज सुनकर हनुमान बना व्यक्ति राम बने व्यक्ति से आज्ञा माँगकर इसपार से उछलकर वरुणा के उसपार पहुँच गया और तत्काल मर गया। आज भी उसके मुकुट की पूजा होती है। बनारस की यही एक लीला है, जिसके लिए सम्पूर्ण बनारस का कारोबार बन्द रहता है। पाँच मिनट की झाँकी के लिए सारा शहर उमड़ पड़ता है। उस दिन वहाँ दो रुपये से चौंसठ रुपये तक के बैठने के टिकट बिकते हैं। एक यही लीला है जिसे देखने के लिए महाराज बनारस आते हैं।

काशी को तीन लोक से न्यारी सिर्फ़ एक-दो गुणों के कारण नहीं कहा गया है। यहाँ अनेक अजीब बातें होती हैं। उदाहरण के लिए बनारस में प्रत्येक पर्व दो दिन मनाया जाता है। प्रथम दिन शैव मत वाले मनाते हैं और दूसरे दिन उदया तिथि पर वैष्णव मत वाले मनाते हैं। अगर कहीं दोनों का एक ही दिन निश्चित हुआ तो पूछना ही क्या। कभी-कभी तो कोई पर्व तीन-तीन दिन मनाया जाता है। मसलन जन्माष्टमी, शिवरात्रि आदि। दो दिन तो सभी त्योहार मनाये जाते हैं। नवरात्र का मेला यहाँ वर्ष में दो बार मनाया जाता है। एक बार आश्विन में, दूसरी बार चैत में। कुछ लोगों का कहना है कि कलकत्ता के बाद बनारस का दशहरा पर्व दर्शनीय होता है। पूर्वी देशों से भी इस अवसर पर इतने यात्री आते हैं कि रिक्शावालों का मिज़ाज नहीं मिलता। दीपावली का महत्त्व और चाहे जिस रूप में हो, बनारस में इसका अन्नकूट से और सोलहपरी के नाच से घनिष्ट सम्बन्ध

है। दीपावली के दिन जुआ न खेलने से छछुन्दर का जन्म होता है। पिशाचमोचन का मेला मूली और भंटा के लिए प्रसिद्ध है। इसी माह में औरातरे (आँवला वृक्ष के नीचे) पिकनिक मनाना भी पर्व में शामिल किया गया है।

माघ मास में 'वेदोव्यास' इसलिए दर्शन किया जाता है ताकि बनारसवालों के लिए उन्होंने जो शाप दे रखी है, उससे मुक्ति मिल जाए। पिकनिक का पिकनिक और पुण्य मुनाफ़े में लूटने का यह बनारसी हथकंडा है। कहने का मतलब वक़्त ज़रूरत पर लोग भगवान को भी चरका देते हैं।

बरसाने की होली उन दिनों देख चुका हूँ जब यहाँ चार आने सेर रबड़ी और छह पैसे सेर दूध बिकता था। मिथिला की कीचड़ की होली देख चुका हूँ। उस ढंग की होली यद्यपि बनारस में नहीं होती, लेकिन बनारस में जिस ढंग की होली होती है उस ढंग की और कहीं नहीं। धर्मयुद्ध के नाम पर होली के दिन मीरघाट पर गुरू लोग आपस में लड़ते हैं। यहाँ घायल होने पर न तो थाने पर रिपोर्ट की जाती है और न यहाँ के युद्ध में मर जाने पर फाँसी की सज़ा होती है। बहादुरी के साथ लड़नेवालों की गणना पहलवानों में की जाती है। घायल व्यक्ति कराहते हुए मारनेवाले की लाठी की दाद देता रहता है। बनारस की होली की यह विशेषता विश्व में बेजोड़ है।

होली के पश्चात् प्रथम मंगलवार के दिन से बनारस के बुड्ढे अपना रंग दिखाने लगते हैं। 'भर फागुन बुढ़ऊ देवर लागे' कहावत के अनुसार यहाँ का अनोखा पर्व 'बुढ़वा मंगल' शुरू हो जाता है। पहले इस अवसर पर अनेक अनाचार होते रहे। नावों पर वेश्याएँ नाचती थीं, लोग नशे में बुत बने बैठे तमाशा देखा करते थे। इस तरह रातभर प्रोग्राम चालू रहता था।

बुढ़वा मंगल की छटा का वर्णन आज से 150 वर्ष पूर्व अपनी आँखों देखा वर्णन कवि जयनारायण घोषाल कर गये हैं—

मयूरपंखी घोड़दौड़ देखि कदाचित, कतक पाटेली मध्ये चाँदोया विहित।
ए' सकल नौका मध्ये करिया विछाना, गागासि संग में नौकालय सर्वजना।
एई मत नौका हय चारि पाँच शत शकले भाटिया चले सहर पर्यन्त।
पचगंगा घाट यथा तत दूरे अन्त।

अर्थात् पटी हुई तीव्रगामी नौकाएँ, बजरें, डोगियाँ, मयूरपंखी और घोड़दौड़ नावें दिखाई देती हैं। पटी हुई नौकाओं पर चँदवा तना होता है। अस्सी से लेकर पंचगंगा घाट तक नावों का जाल बिछा रहता है। लगभग चार-पाँच सौ नौकाएँ

एक-दूसरे से बँधी रहती हैं। इन नौकाओं पर नाच-तमाशे इस प्रकार होते थे—

बड़-बड़ पाटलिते पंखरिया नाचे, भाउरा छोकरा भाँड़कत काचकाचे।
तबला सारंगी बांशी सेतार मुचंग, मन्दरा रबाब वीणा तम्बूरा मृदंग।

कहने का मतलब इन नौकाओं पर भाँड़ और वेश्याएँ नाचती थीं। तबला, सारंगी, सितार और तम्बूरा आदि वाद्यों से सारा वातावरण मुखरित रहता था।

इन दर्शकों को नौकाओं पर ही सारा सामान मिल जाता था—

कोन पाटलिर परे बसे हालो आई,
चूला चाकी लइया पाक करये मिठाई।
मतिचूर पानितूया खाजा आदंरसा,
मग्दल बेसन लाडू संगन पछन्द,
पेड़ा बरफी बुँदिया मिछरी चीनी कन्द।
छोहरी कचोरी पूरी सर्व द्रव्य ताजा।
मोरब्बा आचार शाक तरकारी भाजा
जखन जाहार क्षुधा हइलो उदय
नौका-नौका लागाइया जा चाहे ता लय
कोनो-कोनो नौका ते ताम्बूली वास करै
दिव्य पान सांची छूटा केहो बीड़ा धरे
छोट-छोट नौका ते तामाक भाँग गाँजा, बिकि किनि करिया अनेक करे मजा।
एई रूपे केहो निशि करे जागरण, अपर दिवस डेढ़ प्रहर जखन।
नौका हइते उतरिया सभे घरे जाय, एई खंड हइते होलिर विदाय।

बुढ़वा मंगल का पर्व काशी का अनूठा पर्व रहा। जालियाँ बाग़ वाले हत्याकांड के बाद से बनारस में बुढ़वा मंगल ही नहीं, गुलाबबाड़ी तक बन्द कर दिया गया। इधर कुछ वर्षों से पुनः आयोजन हो रहा है, पर वह समाँ नहीं, वह रौनक नहीं और न इसके पुराने शौक़ीन ही रह गये। गत वर्ष से काशी के कुछ पत्रकारों ने होली के पूर्व 'युवक मंगल' मनाने का अनूठा आयोजन किया है और शायद आगे चलकर इसे भी 'पर्व' मान लिया जा सकता है।

आज़ाद शहर

भारत को सन् 1947 में आज़ादी मिली। अब हम आज़ाद हैं। आज़ादी का क्या

उपयोग है, इसकी शिक्षा लेनी हो तो बनारस चले आइए। बनारसवाले 1947 से ही नहीं, अनादिकाल से अपने को आज़ाद मानते आ रहे हैं। इन्हें नयी व्यवस्था, नया क़ानून या नयी बात कतई पसन्द नहीं। इसके विरुद्ध वे हमेशा आवाज़ उठाएँगे। बनारस कितना गन्दा शहर है, इसकी आलोचना नेता, अतिथि और हर टाइप के लोग कर चुके हैं, पर यहाँ की नगरपालिका इतनी आज़ाद है कि इन बातों का ख़्याल कम करती है। ख़ास बनारसवाले भी सोचते हैं कि कौन जाए बेकार का सरदर्द लेने। हिन्दुस्तान में सर्वप्रथम हड़ताल 24 अगस्त, सन् 1790 ई. में बनारस में हुई थी और इस हड़ताल का कारण थी—गन्दगी। सिर्फ़ इसी बात के लिए ही नहीं, सन् 1809 ई. में जब प्रथम गृहकर लगाया तब बनारसी लोग अपने मकानों में ताला बन्द कर मैदानों में जा बैठे। शारदा बिल, हिन्दूकोड बिल, हरिजन मन्दिर प्रवेश, गल्ले पर सेलटैक्स और गीता कांड आदि मामलों में सर्वप्रथम बनारस में हड़तालें और प्रदर्शन हुए हैं। कहने का मतलब बनारसवाले हमेशा से आज़ाद रहे और उन्हें अपने जीवन में किसी की दख़लन्दाज़ी पसन्द नहीं आती। यहाँ तक कि वेश-भूषा में परिवर्तन लाना पसन्द नहीं हुआ। आज भी यहाँ हर रंग के, हर ढंग के व्यक्ति सड़कों पर चलते-फिरते दिखाई देंगे। एक ओर ऊँट, बैलगाड़ी, भैंसा गाड़ी है तो दूसरी ओर मोटर, टैक्सी, लारी और फिटन है। एक ओर अद्धी तंजेब झाड़े लोग अदा से टहलते हैं तो दूसरी ओर खाली गमछा पहने दौड़ लगाते हैं।

आप कलकत्ता की सड़कों पर धोती के ऊपर बुशर्ट पहनें या कोट-पैंट पहनकर पैरो में चप्पल पहनें तो लोग आपको इस प्रकार देखेंगे मानों आप सीधे राँची (पागल खाना) से चले आ रहे हैं। यही बात दिल्ली और बम्बई में भी है। वहाँ के कुली-कबाड़ी भी कोट-पैंट पहने इस तरह चलते हैं जैसे बनारस में ई.आई.आर. के स्टेशन मास्टर। यहाँ के कुछ दुकानदार ऐसे भी देखे गये हैं जो ताश, शतरंज या गोटी खेलने में मस्त रहते हैं, अगर उस समय कोई ग्राहक आकर सौदा माँगता है तो वे बिगड़ जाते हैं। 'का लेब? केतन क लेब? का चाही, केतना चाही?' इस तरह सवाल करेंगे। अगर मुनाफ़ेदार सौदा ग्राहक ने न माँगा, तबियत हुई दिया, वरना माल रहते हुए वह कह देंगे—नाहीं हव-भाग जा। ख़ुदा न ख़ास्ता ग्राहक की नज़र उस सामान पर पड़ गयी तो उस हालत में भी वह कह उठते हैं—'जा बाबा, जा, हमें बेचे के नाहीं हव।'

है किसी शहर में ऐसा कोई दुकानदार? कभी-कभी झुँझलाकर वे माल का चौगुना दाम बता देते हैं। अगर ग्राहक ले लेता है तो वह ठगा जाता है और दुकानदार जट्टू की उपाधि मुफ़्त में पा जाता है।

बनारस की सड़कों पर चलने-फिरने की काफ़ी आज़ादी है। सरकारी अफ़सर भले ही लाख चिल्लाएँ, पर कोई सुनता नहीं। जब जिधर से तबियत हुई चलते हैं। अगर किसी साधारण आदमी ने उन्हें छेड़ा तो तुरन्त कह उठेंगे—'तोरे बाप क सड़क हव, हमार जेहर से मन होई, तेहर से जाब, बड़ा आयल बाटऽ दाहिने-बायें रस्ता बतावे।' जब सरकारी अधिकारी यह कार्य करते हैं तब उन्हें भी कम परेशानियाँ नहीं होतीं। लाचारी में हार मानकर वे भी इस सत्कार्य से मुँह मोड़ लेते हैं।

सड़क पर घंटों खड़े होकर प्रेमालाप करना साधारण बात है, भले ही इसके लिए ट्रैफिक रुक जाए। जहाँ मन में आया लघुशंका करने बैठ जाते हैं, बेचारी पुलिस देखकर भी नहीं देखती। डबल सवारी, बिना बत्ती की साइकिल चलाना और वर्षों तक नम्बर न लेना रोज़मर्रे का काम है। यह सब देखते-देखते यहाँ के अफ़सरों का दिल पक गया है। पक क्या गया है, उसमें नासूर भी हो गया है। यही वजह है कि वे लोग साधारण जनता की कम परवाह करते हैं। परवाह उस समय करते हैं जब ये सम्पादक नामधारी जीवाणु उनके पीछे हाथ धोकर पड़ जाते हैं। कहा गया है कि ख़ुदा भी पत्रकारों से डरता है।

मतलब यह कि हिन्दुस्तान का असली रूप देखना हो तो काशी अवश्य देखें। बनारस को प्यार करनेवाले कम हैं, उसके नाम पर डींग हाँकनेवाले अधिक हैं। सभ्यता-संस्कृति की दुहाई देकर आज भी बहुत लोग जीवित हैं, पर वे स्वयं क्या करते हैं, यह बिना देखे नहीं समझा जा सकता। सबके अन्त में यह कह देना आवश्यक समझता हूँ कि बनारस बहुत अच्छा भी है और बहुत बुरा भी।

❑❑❑